최진석

노자와 장자에 기대어

노자와 장자에 기대어

老莊

최진석 의 자전적 철학 이야기

최진석 지음

북루덴스

내가 다시 나를 찾은 날

2020년 2월 17일은 내 회갑 날이었습니다. 우주 대자연이 허락한 육십갑자 한 바퀴를 죽지 않고 돈 것이죠. 한 바퀴 돈 것도 대단한 일이지만, 다음 한 바퀴를 어떻게 돌 것인가도 중요한 문제입니다. 열여섯 살 무렵부터 외우기 시작하여 선택의 갈래 길에 설 때나, 삶이 종잡을 수 없게 될 것 같은 두려움이 찾아들 때 웅얼거리던 시 한 편을 떠올렸습니다. 나는 이 시 한 편을 송곳 삼아 겨우 살아 왔습니다. 이러하니 회갑 날 즈음에 이를 다시금 떠올리는 것이 내게는 당연하지 않을 리 없습니다. 그 시는 바로 유치환의 「생명의 서」입니다.

생명의 서

나의 지식이 독한 회의(懷疑)를 구(救)하지 못하고
내 또한 삶의 애증(愛憎)을 다 짐지지 못하여
병든 나무처럼 생명이 부대낄 때
저 머나먼 아라비아의 사막으로 나는 가자.

거기는 한 번 뜬 백일(白日)이 불사신같이 작열(灼熱)하고
일체가 모래 속에 사멸한 영겁(永劫)의 허적(虛寂)에
오직 알라의 신(神)만이
밤마다 고민하고 방황하는 열사(熱沙)의 끝.

그 열렬한 고독(孤獨) 가운데
옷자락을 나부끼고 호올로 서면
운명처럼 반드시 '나'와 대면케 될지니
하여 '나'란 나의 생명이란
그 원시의 본연한 자태를 다시 배우지 못하거든
차라리 나는 어느 사구(沙丘)에 회한(悔恨) 없는 백골을 쪼이리라.

시가 내게 말했습니다. '또다시 원시의 본연한 자태를 배우기 시작하라.' 그래서 회갑 날 '원시의 본연한 자태'를 찾는 매우 인위적인 일을 해보기로 했습니다. 새로운 다음 한 바퀴를 위해서.

나는 함평(咸平)이 고향이지만, 출생지는 전라남도 신안군 하의도(荷衣島)에 굵은 지렁이처럼 붙어 있는 장병도(長柄島)라는 섬입니다. '장병'은 '긴 자루'라는 뜻입니다. 길게 누워 있는 섬의 모양을 따라 이름이 그리되었을 것입니다. 면적은 1.63제곱킬로미터에 불과한데, 해안선 길이가 13킬로미터나 되니 이름처럼 긴 모양일 것이라 짐작합니다. 60여 년 전, 젊은 내 아버지는 하의초등학교 장병분교로 발령이 나자, 자그마한 어머니와 함께 이 섬에 오셨을 것입니다. 젊고 키 작은 내 어머니는 입도(入島) 1년여 만에 학교 관사의 좁고 어둑한 방에서 나를 낳으셨습니다.

장병도는 행정구역상으로는 하의면 후광리(後廣里)에 속합니다. 김대중 전 대통령의 호 후광(後廣)은 후광리라는 지명을 딴 것입니다. 아버지는 내 이름을 장병도의 지명을 따서 지었습니다. 장병도 사람들은 자신들이 사는 섬을 '진절'이라고 부릅니다. '긴 자루'의 전라도 식 발음이 '진 자리'였을 것이고, 이것이 세월을 이겨내며 '진절'로 굳었을 것으로 짐작합니다.

여기서부터는 아버지께서 저세상으로 가시기 전에 해주신 말씀입니다. 확인할 길도 없고 믿기 쉬운 이야기도 아니라서 참 거시기합니다만, 재미로 남겨봅니다. 아들의 입신양명을 너무 강하게 원하신 아버지가 만들고 아버지 스스로 믿어버리신 이야기일 수도 있겠지요. 어머니는 내가 세상에 나온 시간을 '돼지 밥 줄 때쯤'이라고 하셨습니다. 그래서 나는 사주를 풀 때 그 시간을 그냥 '유시(酉時)'로 간주합니다. 바로 그날 이른 아침에 동네 어귀에서 몇 사람이 모여 담소를 나누다가, 전날 밤, 서로 같은 꿈을 꾼 것을 알게 되었다 합니다. 꿈 내용이 어땠는지는 모릅니다. 이장님이 그 길로 아버지를 찾아와 해가 질 때까지 개미 한 마리도 죽이지 말라고 했다 합니다. 그리고 개미 한 마리도 죽이지 않은 그날 '돼지 밥 줄 때쯤' 어머니 뱃속에서 내가 나왔습니다. 꿈 이야기의 사실 여부는 모르겠습니다만, 여기서부터는 사실입니다. 아버지는 이른 아침에 찾아왔던 이장님의 권유도 있고, 출생지의 정기를 담아주면 좋을 것 같아서 호적에 내 이름을 '최진절(崔珍晢)'로 올리셨습니다. 그래서 나는 '최진절'이 되었습니다.

　'최진절'이는 네 살 정도까지 '진절'에서 살다가 부모를 따라 내륙 함평으로 옵니다. 함평으로 와서 아버지는 아들 이름에 문제가 있다고 느끼셨습니다. '진절'에서야 진절이라는 이름이 듣기 좋았지만, 함평에서는 사람들마다 내 이름을 듣자마자 '진절머리 난다'는 표현을 떠올리고, 그 말을 꼭 한 번씩은 했기 때문입니다. 아버지는 고민하다가 개명을 결정합니다. 하지만, 당시에는 공식적인 절차를 밟아 개명하는 것이 거의 불가능했습니다. 아들 사랑이 바위보다 굳건하고 산보다 더 컸던 아버지는 어떤 일이라도 하실 참이셨겠죠. 결국 호적 원부를 열람하십니다. 전남 함평군 손불면(孫佛面) 사무소였을 것입니다. 부처의 뜻을 잇는 자손들이 사는 땅이라는 이름을 가진 손불면 사무소에서 아버지는 공문서 위조를 감행하십니다. 최진절에서 '절(晢)'은 '재(才)'로 시작하는데, 이 '재(才)'변을 준비해 가신 만년필로 몰래 한 획을 내려그어 '목(木)'으로 고쳐버리십니다. 그러면 '석(晳)'이 됩니다. 그래서 나는 '최진석(崔珍晳)'으로 재탄생합니다. 최소한 이름으로는 더 이상 진절머리 나는 놈이 아니게 되었죠.

'원시의 본연'을 찾는 여정에는 제자 김재익과 이민규도 함께했습니다. 목포에서 오전 열 시 반에 출발한 배 '남신안농협6호'는 열두 시경 장병도 선착장에 도착합니다. 배가 당도하는 수선스러운 소리와 짐을 받으러 온 두어 명의 사내가 사라지면서 선착장에는 선착장만 남았습니다. 거기에 우리 넷은 마치 연기처럼 가볍게 겨우 존재합니다. 장병도는 여전히 그렇게 작은 섬입니다. 당황스럽게 겨우 서서 우왕좌왕하던 차에 키가 훤칠한 사내 하나가 보였습니다. 붙잡아야겠다는 생각만 들었습니다. 얼굴을 다 가려 기다란 눈매만 보였습니다. 사내는 우리에게 이 섬에는 가게도 없고 식당도 없다는 절망스러운 정보를 주었습니다. 그러면서 투박하지만 다정하게 식사를 했는지 물었습니다. 그러고는 한 걸음 더 깊은 자상함을 보였습니다. 마을회관에 말해놓을 테니 가서 라면이라도 끓여 드시라고……. 그러고는 또 재빨리 사라졌습니다.

넷은 마을회관으로 갔습니다. 우리 어머니 늙으셨을 때와 비슷하게 생긴 할머니들이 네 분 앉아 계셨습니다. 할머니들은 늙으면 다 비슷해지는 것 같다는 생각을 아주 잠깐 했습니다. 그 사내가 이미 우리가 올 것이라고 기별해놓은 분위기였습니다. 한 할머니는 벌써 라면 봉지 두어 개를 뜯고 계셨습니다. 주방으로 향하시던 할머니가 뒤돌아보며 물었습니다. "뭇 혈라고 여그까지 와겠다요?" 내가 답했습니다. "우리 아버지가 여기 선생님으로 계실 때 여기서 저를 낳으셔서 한번 와봤습니다." "선생님 성함이 으쯔고 되시오?" "최현기 선생님이십니다." "그라믄 댁네가 큰아들이요? 우게 딸이 둘 있었는디……." "예, 큰 누님은 중학교 때 돌아가시고……. 제가 큰아들입니다." "그라믄 이름이 진절일 것인디? 진절이요?" 나는 이 대목에서 소름이 돋았습니다. 아버지에게 들은 적이 있던 그 '진절머리 나는' 이름을 생전 처음 보는 할머니에게서 듣는 일은 충격적이면서 신비했죠.

그 할머니는 4학년 때 아버지 제자라고 하시더군요. 할머니는 아버지를 아주 선명하게 기억하고 계셨습니다. 당시 섬에서는 일을 시키느라 여자애들은 학교에도 보내려 하지 않을 때, 아버지가 집까지 찾아와 이제는 여자도 배워야 하는 시대가 되었다고 설득하여 학교에 다닐 수 있었다는 얘기도 해주셨습니다. 심지어 아버지가 병역을 마치지 않은 것 때문에 여러 가지 곤란한 상황에 직면했던 것까지도 기억하셨습니다. (내 아버지는 육손이셨습니다. 그런 연유로 군대에 가지 않으셨고, 엄혹하던 시절에 군대를 다녀오지 않은 것으로 인해 이런저런 곤란한 일을 겪으셨던 것을 나도 어렴풋이 들어서 알고는 있었습니다.) 게다가 내 '태(胎)'를 학교 어디에 묻은 것까지 기억하셨습니다. 할머니는 태를 '암투'라고 하시더군요. 아마도 '진절'에서는 태를 그렇게 부르는 모양입니다. 이런저런 것들을 확인하고 있던 차에 사내가 들어왔습니다. 아까 마을회관에 가서 라면을 끓여 먹으라고 알려주었던 그 사내였습니다. 사내는 바로 그 할머니의 아들이었습니다. 다시 한번 소름이 돋았습니다. 나는 마치 하늘에 계신 아버지가 그 사내를 만나게 한 일부터 모두 인도하고 계시는 것이 아닌가 하는 매우 묘한 기분에 휩싸였습니다.

그리움이 길고 깊으면 육화되어 기억으로 남는 모양입니다. 마을 회관을 나와 장병분교로 향하는 길은 낯설지 않았으며, 교정(校庭)은 키 작은 내 어머니의 치마폭 딱 그 크기였습니다. 외딴섬, 교실이 한 칸뿐인 조그만 학교의 2월 중순은 참 따뜻했습니다. 부모님이 장병도에 사셨던 당시에는 섬의 선착장이 크지 않아서 큰 배가 들어오지 못했답니다. 그래서 자그마한 나무배가 바다 가운데 서 있는 큰 배까지 가서 손님을 받아왔는데, 큰 배에서 내려 작은 배로 갈아탈 때 얼마나 무서웠는지를 떨면서 말씀하시던 어머니의 손을 꼭 잡아드렸던 기억이 있습니다. 어머니의 손을 잡아드리던 나는 초등학교 4학년 정도였습니다. 젊디젊었던 내 부모가 부족한 것 천지였을 이곳에서 나를 낳고 어떤 상념에 젖었을지 생각만 해도 조금이나마 철이 드는 것 같습니다.

아버지는 첫아들이 '돼지 밥 줄 때쯤' 태어나자 그 아들이 끌고 나온 태를 고이 싸서 묻었습니다. 가장 중요한 자리에 묻고 싶으셨을 것입니다. 아버지는 학교에서 가장 의미 있는 자리를 찾아내 '원시의 본연'을 땅속 깊숙이 감추셨지요. 그래서 내 암투는 내가 다시 찾을 때까지 장병분교가 서 있는 땅 아래 60년 동안 묻혀 있었습니다. 내게 물질로 화한 내 '원시의 본연한 자태'는 바로 그 태입니다. 어머니와 아버지가 함께 만들고, 어머니와 내가 공유하다 나를 따라 세상에 나온 것. 회갑 날, 나는 바로 그 '태'를 찾은 것입니다. 장병도의 '진절'이는 '원시의 본연'의 '나'인 '암투'를 향해 느리고도 깊은 절을 올렸습니다. 그 순간만큼은 세상도 나를 배려해주느라 느리고도 깊었습니다. 내가 나에게 머리를 조아렸습니다.

내 새로운 한 바퀴는 이렇게 다시 시작합니다.

2022. 11.
함평군 대동면 향교리 나비꿈집(호접몽가)에서
최진석

제1부

별 헤는 마음

우리 삶의 목적은 무엇일까?
내가 별이 되는 것이다.
이 순간의 삶 속에서 내가 영원을 경험하는 것,
이것이 삶의 목적이다.

만 가지 산도 각자의 색을 지니고 있다, 60×60cm

별똥별의 마음

나처럼 별을 늦게 본 사람이 있을까? 내가 처음으로 별을 본 것은 고등학교 1학년 때였다. 그전에는 '하늘에 별이 있다'는 정도로만 인식했다. 지금부터 내 이야기는 고등학교 1학년 때 별을 보고 무엇인가를 느낀, 나 자신의 소소하지만 의미 있는 사건이다.

아버님은 학교 선생님이었고 어머님은 농사를 지으셨다. 그 덕에 배고프지 않았고, 그럭저럭 학교에 도시락도 빠짐없이 싸갈 수 있었다. 내가 어릴 적에는 학교에 도시락을 싸오지 못하는 아이들이 적지 않았다. 내 첫 느낌은 초등학교 2~3학년 때이다.

우리 동네는 왜 이리 가난할까?
왜 이리도 남루하지?

솔직히 '남루'라는 단어를 몰랐을 것이다. 아마도 그 비슷한 말을 했던 것 같다. 나는 너무 가난하고 너무 남루한 당시의 형편을 지루함으로 느꼈다. 내 원래 이름이 '진절'이었기에, 어린 나이에도 일찍 진절머리를 느꼈을까? 지금은 고향에 집을 짓고 돌아왔지만 어려서는 고향을 떠나고 싶은 마음밖에 없었다. 한여름에 마루에 누워 있었다. 매미 소리가 들린다. 그 소리는 살아 있지만 아름답거나 훌륭하지 않았다. 지루한 느낌을 더 지루하게 해줄 뿐이었다. 시골을 벗어나야겠다고 마음먹었다. 상대적으로 우리집이 가난하지는 않았지만 나는 남루한 시골 생활에서 자부심, 자존심이 상당히 손상된 듯하다. 초등학교 4학년 조회시간이었다. 갑자기 눈앞이 흐려지면서 스르륵 쓰러졌다. 나는 불치병에 걸린 줄 알고 일기에 이렇게 썼다.

우리나라는 아직도 이렇게 가난한데 내가 여기서 쓰러지다니…….

4학년 아이의 머리에 '우리나라가 너무 가난하다'는 생각이 깊게 새겨져 있었다. 당시에는 읽을 만한 책이 귀했다. 그래서 아버지께서 보시던 『새교실』『교육자료』 같은 책을 보기도 했는데, 그 책들 안에는 전문적인 내용들도 있었지만 간간이 에세이나 소설 등도 있어서 찾아 읽고는 했다. 외국 이야기도 조금씩 나왔다. 가난한 우리나라와는 아주 달랐다. 내 나이 때 좀 사는 아이들은 '505 털실'로 짠 스웨터를 입었다. 농사짓기에 바쁜 어머님이 며칠 밤을 눈 비비며 짠 스웨터였다. 한참 성장하는 시기이다 보니 옷이 작아지면 어머님은 입던 스웨터를 풀어 다시 더 크게 짜셨다. 그런데, 실이 부족했는지 스웨터 어깨 한쪽은 검정색이고 다른 쪽은 회색이었다. 나는 지금도 어머님의 깊은 사랑을 느끼지만 당시에는 팔 색깔이 짝짝이인 스웨터에 자존심이 상했다. 내가 아버지 책에서 본 외국 사람들은 멋진 꽃무늬 문양이 그려진 스웨터를 입고 있거나 털실로 짠 양말조차도 무척 그럴듯하게 보였기 때문이다.

나는 왜 팔이 짝짝이인 스웨터를 입어야 하지?

세상 형편을 다 알지도 못하면서 자존감에 상처를 입기도 했던 것 같다. 어머님을 쳐다봤다. 왜 그렇게 애잔하게 보였을까? 나는 어린 마음에도 가난을 벗어나서 자존감을 회복하고 싶었다. 당시의 내 머릿속 해결책은 '떠나고 싶다'였다. 초등학교 5학년만 되면 부모를 어떻게 속일 수 있는지가 터득되나 보다. 우리 부모님도 속을 준비가 되어 있었을 것이다.

나는 훌륭한 사람이 되고 싶은데, 촌에 있기 싫어요. 광주로 보내주세요.

아버님은 나를 빤히 바라보기만 하셨다. 광주로 전학을 갔다. 6학년 올라가기 직전인 1971년 2월 8일이었다. 그날은 음력으로 쇠는 내 생일날이었고, 눈이 소복히 쌓인 날이었고, 운동화를 처음 신은 날이었다. 눈밭에 찍히는 운동화 자국을 뒤돌아보고 또 뒤돌아보면서 내가 다녔던 향교초등학교에 가서 아직 국기가 게양되지 않은 국기게양대를 향해 경례를 하고 돌아와 노란색 금성여객 버스를 탔다.

별을 처음 봤다. 그때가 고등학교 1학년 때이다. 마침 나는 시골집 마당에 덕석을 깔고 하늘을 마주한 채로 어머니가 가져오실 저녁밥을 기다리며 누워 있었다. 나는 '해피'를 하늘에 그리고 있었다. 그날 광주에서 내가 기르던 개 '해피'가 죽었다는 전보를 받았다. 그때 하늘에는 별똥별이 지고 있었다. 별똥별이 사라지는 것을 보고 '나도 죽을 수 있구나!'라고 생각했다. 갑자기 죽음의 공포에 빠졌다. 백숙을 쑤어서 들고 오시는 어머니가 그렇게 생경하게 보일 수 없었다. 내 주위의 모든 것이 갑자기 낯설어지면서 체온이 조금 떨어지는 것 같았다. 나는 그때부터 죽음의 공포에서 벗어나지 못했다. 사십 대 후반까지도 잘 극복하지 못했다.

그날 이후로 나는 일주일 동안이나 아무것도 먹지 못했다. 죽음이 나를 몰래 덮칠 것 같았다. 열흘 정도 지났을까? 우물가로 양치질하러 갔다가 그만 쓰러져버렸다. 늦은 오후에 무당이 왔다. 내가 며칠간 얼이 나가고 기운을 못 차리니 귀신이 씌었다고 생각하신 것 같다. 무당은 잎이 많은 나뭇가지로 나를 쓰다듬거나 콩을 한줌씩 내게 던지기도 했다. 나는 그 풍경이 싫어 차라리 밥을 먹고 기운을 차리는 것이 낫겠다 싶었다.

영원한 것을 생각하다

별똥별을 보고 나는 느꼈다. '이 세상 모든 것은 사라진다.' 그리고 나중에 사라지지 않는 별이 보이기 시작했다. 나는 별의 특징이 두 가지라 생각한다. 한 가지는 먼 곳에 있으며 이곳에 있지 않다. 그리고 다른 한 가지는 반짝반짝 빛나며 별똥별과 달리 오랫동안 머무른다. 그때 고1이었던 나는 '영원한 것'에 대해 생각했다.

모든 게 사라진다.

우리 엄마도 돌아가신다.

나도 사라진다.

모든 것이 사라지는 이곳에서 저 별은 나에게 무엇일까?

영원을 생각하다 그곳에 빠졌다. 고등학교 생활은 걷잡을 수 없이 소용돌이쳤다. 나는 당시를 엉망진창으로 기억한다. 나는 그 혼동 속에서도 혼잣말로 습관처럼 속삭이곤 했다.

나에게 영원한 것은 뭘까?

인간은 이렇게 짧은 순간을 살다 가는데

이 짧은 순간을 영원으로 승화할 수 있는 기술은?

우리에게 별은 무엇일까? 멀리 있으며 반짝반짝 빛나는 것, 그때 나는 가까이 있는 모든 것은 다 사라진다고 믿었다. 하지만 멀리 있을수록 보이지 않을수록 영원하다는 사실을 알게 되었다.

왜 플라톤은 이데아를 말할까? 왜 철학자들은 시시각각 변하는 현상 속에서 질서를 발견할까? 현상은 급격히 변하지만 질서는 오래간다. 내가 본 별똥별은 눈에 보인 현상이었다. 하지만 그 안의 질서, 규칙은 영원하게 보인다. 이렇게 본다면 우리 눈에 보이는 것들은 다 순간이고 눈에 보이지 않는 것들 혹은 그것을 설명하는 질서는 영원하다.

> 내가 별똥별보다 더 짧은 순간에 사라져버린다면
> 내가 그 짧은 순간에 영원을 붙잡을 수 없다면
> 짧은 순간에 영원을 경험하는 장치는 무엇일까?

시간적, 공간적으로 유한한 존재가 영원을 경험하기라도 한다면 그 순간은 그 사람에게만큼은 영원일 수 있다. 우리는 보이지 않는 것을 추구한다. 지식, 이론, 민주, 평화, 자존, 행복, 자유……. 다 먼 것들이다. 나는 죽음의 공포를 경험하면서, 인생이 너무 짧다는 것을 경험하면서 내 짧은 삶 속에서 내가 어떻게 하면 영원을 경험할 수 있으며 영원을 확보할 수 있는지를 찾고 몰두하게 되었다.

나는 고등학교를 졸업하고 당연히 대학에 가지 못했다. 그때 우리 어머니가 처음으로 나에게 부탁하는 말씀을 하셨다. "나는 대학에 못 가는 내 아들을 생각할 수 없다! '똥통학교'라도 어디든 대학에 합격하고 가지 마라." 대학에 들어가서 나는 어떻게 살 것인지 결심했다. '마흔 살까지는 아무 생각하지 말고 공부만 하자. 그리고 똥물로 가득한 이 속세에서, 별똥별 같은 순간을 스쳐가는 이 현상 세계에서, 저 멀리 반짝반짝 빛나는 별처럼 어떤 영원을 실현해보자!' 그것은 깨달음이라고 할 수도 있고 아니면 순간 속 불멸일 수도 있다. 나는 이런 내면을 준 내 부모님께 감사드린다.

별을 노래하는 마음

별은 무엇인가? 나에게 별은 목표가 아니라 목적이다. 우리는 현실에서 목적보다는 목표를 추구하며 산다. 대학이 왜 존재할까? 인간은 자기 내면의 가능성과 본성을 발견해서 미래 세계를 여는 행복한 존재가 되려고 대학에 들어간다. 이것이 우리가 대학에 가는 목적이다. 하지만 요즘 대학은 취업률을 너무 앞세운다. 방송의 목적은 세상 소식을 사람들에게 알리고 국민이 제대로 판단하여 행복하게 살 수 있는 자료를 제공하는 것이다. 그런데 방송은 시청률에만 목을 매다가, 본래 목적을 잃곤 한다. 고등학교는 왜 존재할까? 학생들에게 자기 내면의 가능성을 발견해서 밝고 힘차게 살아가는 힘을 길러 주기 위해서 존재한다. 그런데 어느 순간, 고등학교는 존재 목적을 잃어버리고 대학 진학률이란 목표에 빠져버렸다.

우리 삶의 목적은 무엇일까? 내가 별이 되는 것이다. 이 순간의 삶 속에서 내가 영원을 경험하는 것, 이것이 삶의 목적이다. 그런데 한번 삶이 시작되면 눈앞이 온갖 목표들로 가득 채워지고 그것이 목적을 넘어서게 되어 정작 목표를 지배하는 목적을 잃어버린다. 나에게 별은 무엇일까? 목적을 잃지 않게 해주는 힘이다. 내가 좋은 대학에 들어가고 좋은 직장에 들어가고 승진하고……. 이것이 목적일까? 그것은 목표이다. 자유로워지는 것! 깨닫는 것! 자존감을 잃지 않는 것! 자부심을 잃지 않는 것! 이것이 목적이다. 윤동주 시인은 「서시」에서 이렇게 말한다.

죽는 날까지 하늘을 우러러
한 점 부끄럼이 없기를,
잎새에 이는 바람에도
나는 괴로워했다.
별을 노래하는 마음으로
모든 죽어가는 것을 사랑해야지

"별을 노래하는 마음으로 모든 죽어가는 것을 사랑"하는 거지, "모든 죽어가는 것을" 가지고 별을 흔들지 않겠다는 것이다. 여기에서 목적을 가지고 목표를 지배하는 거지, 목표로 목적을 흔들지 않겠다는 의지를 읽을 수 있다. 방송의 목적으로 시청률을 지배해야지 시청률로 방송의 목적을 흔들어서는 안 된다. 마찬가지로 대학 진학률로 고등학교의 존재 이유를 흔들어서는 안 된다. 삶을 지탱하는 기능적인 것들 때문에 삶 자체의 가치를 포기해서는 안 된다. 모든 죽어가는 것들은 왜 죽어가고 왜 고갈되며 왜 형편없어질까? 목표에만 빠지기 때문이다.

> 별을 노래하는 마음으로
> 모든 죽어가는 것을 사랑해야지
> 그리고 나한테 주어진 길을
> 걸어가야겠다.

> 오늘 밤에도 별이 바람에 스치운다.

시에 나오는 '길'은 어디에 있을까? 길은 '모든 죽어가는 것 사이'에 있다. "죽어가는 것"에 흔들리지 않고, "별을 노래하는 마음"을 지키면, 오히려 "죽어가는 것"을 살릴 수 있다. 하지만, "죽어가는 것"에 빠져서 "별을 노래하는 마음"을 놓치면 "죽어가는 것"을 살릴 수 없다. 별을 노래하는 마음으로 죽어가는 것을 사랑해야 한다. 나는 이것이 순간을 사는 인간이 영원을 확보하는 방법이 아닌가 한다. 내 생각은 그렇다.

영원한 별을 경험하기 위하여

목적은 자기 존재와 관련이 있다. 목표는 죽어가는 것들이 생활을 영위하기 위해서 갖는 조건이다. 그래서 별을 노래하는 마음으로 모든 죽어가는 것을 사랑한다는 의미는 3퍼센트 성장, 대학 합격, 시청률과 같은 제한된 목표에 갇히지 않고, 자유, 자존, 사랑, 자비, 깨달음, 영원 등등과 같이 별 가까이에 있는 덕목들을 놓치지 않는다는 뜻이다. 별이 되고 싶은 사람은 항상 자기의 존재 의미에 가치를 둔다. 이처럼 존재 의미에 가치를 둔 사람이 하는 일 가운데 하나가 성당에 가거나 교회에 가거나 절에 가는 일이다. 교회를 세우거나 교회에 갈 때는 별이 되기 위해서다. 천당에 가기 위해서 교회에 가고 천국으로 인도하기 위해서 교회를 세운다. 그런데 나중에 어떻게 될까? 천당에 잘 가고 천국으로 잘 인도하기 위해서는 교회가 정비되고 규모를 잘 갖출 필요가 있는데, 그것이 정도를 넘어서서 신도 수를 늘리고, 교회를 크게 짓는 일이 가장 중요한 일이 되어버리고, 장로를 뽑는 일이나 목사를 정하는 일에서 온갖 갈등이 발생한다. 천국으로 가는 길은 한쪽으로 제쳐놓고 누가 장로가 되고 신도 수는 어떻게 늘려야 하며 헌금을 어떻게 걷어야 하는가? 등의 기능적인 목표에 빠진다. 그러고는 곧 '내가 왜 여기에 있나?' '나의 천국은 어디인가?' 하며 후회하게 된다. 모든 죽어가는 것은 '별을 노래하는 마음'을 손상시킨다. 이것을 하버드 대학교의 유명한 종교학자인 윌프레드 캔트웰 스미스(Wilfred Cantwell Smith)는 물상화(reification) 혹은 대상화라고 표현한다.

또 하나 예를 들어보자. 정치적으로 인간이 별을 발견하고 그 별을 향해서 모두 나아가자는 야성적 동력을 발동시킬 때가 있다. 이걸 우리는 혁명(革命)이라고 한다. 혁명은 별을 찾아가는 야만적이고 거친 동력이다. 혁명이라고 할 때 혁(革)은 주역의 혁괘(革卦, ䷰)에서 나왔다. 혁괘 이전 괘(卦)는 우물(井)을 뜻하는 정괘(井卦, ䷯)이고 정괘 이전 괘(卦)는 곤괘(困卦, ䷮)이다. 곤괘는 곤궁(困窮)하다는 뜻이다. 괘(卦) 모양은 바짝 마른 연못을 형상하게 되어 있다. 연못에는 두 가지 종류가 있다. 택(澤)과 연(淵)이 있는데, '연'은 물이 꽉 찬 연못이고 '택'은 수초들이 위에 나 있는 연못이다. 불로 태울수 있는 연못은 택(澤)이다. 택은 밑에 물이 잠방잠방 있고 수초들이 위로 자란다. 위에는 수초가 있고 물은 아래로 흐른다. 물이 아래로쭉 빠져버린 형국이다. 그래서 곤궁해질 수밖에 없다. 곤궁해지면사람들은 수리하려고 둑을 쌓을 것이고 그러면 물이 고인다. 곤궁해진 사람들은 전부 담을 쌓고 물길을 내어 우물을 만든다. 즉 정(井)을 만드는 것이다.

마치 IMF가 끝나 경제가 회복되듯이, 독재가 끝나 민주화를 이루듯이, 우물을 지어 곤궁함을 회복한다. 우물이 있으면 얼마나 좋은가? 거기서 물이 퐁퐁 나온다. 우물에 뚜껑만 덮지 않으면 계속 좋을 것이다. 그런데 사람들은 우물 뚜껑을 덮는다. 그러면 물이 썩는다. 물이 썩으면 어떤 일이 벌어질까? 물을 다 태워서 확 바꿔야 한다. 수초가 자라는 연못(澤)이 위에 있고, 그 아래서 불(火)이 있어 수초를 태워 없애야 한다. 그래야 물이 새로워지기 때문이다. 이것이 '혁(革)'이라는 글자로 표현하는 혁명이다. 그래서 '혁괘(革卦)'는 위에 수초가 자라는 연못(澤)이 자리하고 아래에 불이 있는 모양으로 되어 있다.

혁명이 일어난다. 그런데 혁명의 별이 반짝반짝 빛나다가 얼마 가지 못해 우물에 뚜껑이 닫히듯이 빛을 잃는다. 혁명의 깃발이 완장으로 바뀌는 순간이다. 교회에 갈 때 천국을 가겠다는 마음이 반짝반짝한다. 하지만 목표와 기능에 빠져서 신도 수를 늘리고 교회를 키우는 일에 몰두하다가 종국에는 이편이냐, 저편이냐 하는 굳은 생각으로 빠져버린다. 천국으로 가는 길, 별이 되는 길은 멀어진다. 혁명의 좌절, 자유의 좌절, 별의 좌절은 어디서 올까? 굳은 생각, 굳은 믿음에서 온다. 굳은 생각, 굳은 믿음은 우물의 뚜껑이다. 모든 반짝거림을 망가뜨린다.

굳어져가는 나의 반짝거림을 잃지 않기 위해 필요한 중간고리가 있다. '반성'이다. 어떤 가치도 지속적인 반성이 따르지 않으면 완장이 될 가능성이 크다. 별똥별보다 더 짧은 순간을 사는 인간이 영원한 별을 경험하기 위해서는 나 자신에 대한 부정, 반성, 의심이 필요하다. 왜 그럴까? 영원을 경험하기 위해서이다. 그리고 영원을 경험해서 내가 영원한 존재로 등극하기 위해서이다. 이것이 나의 '별 헤는 마음'이다.

바닷가 섬에서는 누구나 친구다, 60×40cm

산티아고의 마음

과연 별같이 사는 사람에는 누가 있을까? 나는 하나의 대표적인 모델을 찾았다. 내 곁에 두고 가끔 펼쳐보는 책이 몇 권 있다. 그중 하나가 헤밍웨이의 『노인과 바다』이다. 내용은 간단하다. 주인공인 어부 산티아고는 자기가 사는 어촌 마을에서 유명한 팔씨름 선수다. 그의 별명은 챔피언이다. 산티아고는 매일 바다로 나갔다. 그런데 84일 동안 물고기를 한 마리도 잡지 못해 동네에서 조롱거리가 된다. 마침내 84일 만에 바다에서 큰 청새치 한 마리를 잡는다. 엄청난 투쟁 끝에 청새치를 배 옆에 묶고서, 그는 항구로 돌아온다. 항구로 돌아오는 길에 상어 떼를 만난다. 그는 자기가 잡은 청새치를 뜯어먹으려고 덤비는 상어들을 쫓으려 악전고투한다. 과연 산티아고는 청새치를 지켜낼까? 결국은 지켜내지 못한다. 산티아고의 안전까지 위협할 정도로 상어들은 덤빈다. 산티아고가 청새치를 풀어만 주면 모든 난관은 끝나고 산티아고는 안전하게 항구로 돌아올 수 있다. 하지만 산티아고는 청새치를 절대 풀어주지 않고 계속 투쟁한다. 결국 산티아고는 뼈만 남은 청새치를 배 옆에 묶고 항구로 돌아온다. 그리고 집으로 돌아가서 사자 꿈을 꾸면서 편안하게 잠이든다. 『노인과 바다』의 전체 내용이다. 소설에서 산티아고는 이렇게 말한다.

인간은 패배할 수 없게 태어났다. 패배하면 안 되는 존재로 태어났다.

파멸은 기능과 목표의 좌절에서 온다. 목적, 즉 별을 잃는 것을 패배라고 한다. 산티아고는 이렇게도 말한다.

파멸할지언정 패배하지 않겠다.

산티아고는 별처럼 살고자 했다. 산티아고는 혼잣말을 한다.

자네는 단지 살기 위해 그리고 먹거리로 팔기 위해 물고기를 죽였던 것은 아니잖아.

여기서 '자네'는 산티아고 자신이다. 84일 만에 잡은 청새치는 산티아고에게 어부로서 자부심이었다. 산티아고는 그렇게 생각했다.

자네는 자부심을 위해 청새치를 죽였어. 왜냐하면 자네는 어부
니까.

여기서 핵심은 자부심이다. 산티아고는 어부의 자부심, 즉 별이란
목적으로 청새치를 잡았다. 산티아고는 목표나 기능으로 고기를 잡
는 어부가 아니었다.

자네는 그 물고기가 살아 있을 때 사랑했고 죽은 후에도 사랑
했지.

청새치가 낚싯바늘을 물었을 때, 산티아고는 계속 친구라고 표현
한다.

친구야.

왜 그랬을까? 이 물고기는 자기의 기능적 대상이나 목표물이 아
니라 어부로서 존재적 자부심을 공유하는 존재였기 때문이다.

청새치는 자네처럼 물고기의 삶을 산 거야. 청새치는 썩은 물고
기를 먹는 물고기도 아니고 다른 상어처럼 그저 식욕 때문에 이동

하지도 않았어. 청새치는 멋지고 당당했고 어떤 두려움도 없었지.

별처럼……

자부심이 있는 별 같은 존재들은 무엇을 하든지 멋지다. 무엇을 하든지 당당하다. 왜냐하면 자부심으로 뭉쳐 있기 때문이다. 그는 반짝반짝 빛나는 별이기 때문에, 당당하고 두려움도 없다. 자부심 있는 두 별은 산티아고와 청새치이다. 산티아고와 청새치의 사투는 자부심으로 가득한 두 별의 교류였으며 어느 한쪽이 다른 한쪽을 기능적으로 제거하려는 목표가 아니었다. 왜 그럴까? 청새치는 산티아고에게 하나의 자부심이자 자기가 별처럼 존재하는 한 형식이었기 때문이다. 그래서 상어 떼가 달려들어서 자신이 죽을 수 있는 상황에도 청새치를 끝까지 지켰다.

　시인 윤동주도 삶의 자부심과 삶의 존엄을 늘 의식하고 있었다. 시인은 「서시」에서 그것을 노래했다. 윤동주 시인은 별을 노래하는 마음으로 모든 죽어가는 것을 사랑하는 열망에 휩싸여 있었다. 시인은 바랐고 기대했다. 그런데 최근에 그것을 기대와 바람으로만 남기지 않고 당장에 실현하고자 하는 시인이 나타났다. 정양주 시인의 「별을 보러 강으로 갔다」는 시다.

　　이팝나무 꽃을 올려다보다 은하수가 그리웠다
　　피아골 물보라는 하늘 올려다보며 흐르고

골짜기는 어두워 별이 보이지 않았다

별을 찾으러 산을 내려와

섬진강 모래사장 강물 속에 뜬 별을 보았다

바람이 불어도 소쩍새가 울어도

별이 강물 속으로 튀어 올랐다

튀어 오른 별은 모래알이 되고

밤이 깊어지자 속삭이듯 이야기 소리 들리고

어둠 속에서 걸어 나온 찔레꽃 향기가 어깨를 토닥였다

혼자 놀지 마라

혼자 우는 눈물 맛에 취하지 마라

어둠보다 더 검은 강물도

멧비둘기 구구구국 울음소리에 일렁이고

마른 꽃잎 하나 떨어져도 파문이 인다

별들도 끼리끼리 모여 밤을 건너고

해가 뜨자 강은 별로 가득 차고

어깨 부추기며 함께 살아온 사람들 이름을 세다

지난밤 스무 살까지 다녀온 나는

강가에서 붉게 일렁이는 별을 본다

"별을 노래하는 마음으로 모든 죽어가는 것을 사랑해야지"라던
윤동주의 염원이, 정양주 시인의 시에서는 죽어가는 모든 것들이

별로 다시 깨어나, 별들이 어깨동무하고 함께 사는 세상으로 승화했다.

내가 빛나야 한다

별이 반짝반짝 빛난다. 별이 세상을 비추고 있다. 빛나는 별이 존재하고 그 별을 바라보는 사람들이 있다. 우리나라는 일제의 침략으로 식민지 시대를 겪고, 미군정을 거치고 현대에 이르기까지, 다른 별이 빛나는 것에 박수를 치고, 다른 별이 빛나는 것을 따라 하고 다른 별이 빛나는 것을 바라보며 살았다. 우리는 별이 아니었다. 별이 아닌 사람들이 별이 아닌 나라에서 같이 모여 살다가 어깨를 부대끼고 기대면서 승리의 역사를 써왔다. 이제는 우리가 별이 되어야 하는 시간이다. 우리는 지금까지 남의 생각이나 물건 그리고 남의 제도를 따라 하면서 살았다. 남의 것을 가져다 썼다. 따라 하고 가져다 쓰면서 그것을 만든 사람들을 빛나는 별로 숭배하며 살았다. 이제는 끝내야 한다. 우리가 빛나는 별이 되어야 할 때가 왔다.

　별처럼 살려 하고 별처럼 빛나려 하고 별처럼 살아가는 사람들이 마침내 별 같은 나라를 만든다. 그 사람들을 시민이라고 한다. 시민 이전에는 왕이 지배했다. 왕이 지배할 때는 왕이 빛났고 나머지 사람들은 단지 그림자로 존재했다. 그런데 그 빛나는 별에 박수만 치던 사람들이 노력해서 돈을 갖게 되었다. 사람들은 왕이 사용하던 광장을 시장으로 바꿨으며, 시장에 살던 사람들은 역사의 책임자로 등장했다. 그 시장에 살던 사람들이 시민이다. 왕이 사용하던 광장을 시장으로 바꿔서 역사의 책임자로 등장한 존재들이다. 시민은 "왕 혼자만 빛나는 것을 더 이상 보지 못해! 내가 빛나야겠어. 빛나는 우리끼리 세상을 이루어야겠어!"라고 선언한다. 시민의 핵심은 역사에 대한 책임성이다. 왕이 가지고 있던 역사의 책임성을 시민이 가지고 왔다. 왕이 혼자서 지배하던 세상을 시민이 주인이 되어 다스리는 세상으로 제도를 바꿨다. 그것이 민주주의다. 옛날에는 왕이 돈을 분배했다. 이제는 왕이 분배하지 못한다. 시민이 스스로 돈을 벌 수 있기에 왕의 분배를 기다리지 않는다. 이렇게 해서 자본주의가 생기고 자본주의와 민주주의가 결합하게 되었다.

시민은 누구일까? 우리에게 정치가 혼란스럽다는 것은 민주주의와 자본주의가 제대로 작동하지 않는다는 의미이다. 민주주의는 시민이 주인이 되어서 움직인다. 안타깝게도 아직 우리나라는 주인역할을 하는 시민이 제대로 등장하지 않았다, 별 같은 시민이 충분히 나타나지 않았다는 뜻이다. 자본주의가 제대로 움직인다는 것은 자본이 중심이 되어서 움직이고 있다는 의미이다. 하지만 사람들은 "우리나라의 자본은 성숙하지 못했다"라고 말한다. 돈은 많은데, 그 많은 돈이 자본으로 바뀌는 것은 아직 부족하고, 부자는 있는데 그 부자가 아직 자본가로 바뀌지 않았다는 말이다. 돈이 역사적 책임성을 가지면 자본이 되고, 부자가 역사적 책임성을 가지면 자본가가 된다. 또한 국민이 역사적 책임성을 가지면 시민이 된다. 우리는 자신의 삶에서 자기가 별이 되어야 한다. 시민으로서 역사적 책임성을 잊지 말아야 한다. 왜냐하면 왕의 그림자로 사는 백성이 아니라 별처럼 사는 시민이기 때문이다.

별처럼 빛나고 싶은 마음

나는 2017년에 정년을 7년 앞두고 교수직을 그만두었다. 어떤 사람들은 내게 묻는다. "어떻게 그렇게 큰 결정을 했나요?" 내게는 그렇게 큰 결정이 아니었다. 나는 '되고 싶은 나'가 분명하다. 내가 무엇을 원하는지가 아주 분명하다는 의미다. 원한다는 것은 '기대한다' '바란다' 하고는 좀 다르게 받아들여진다. '기대하고 바란다'에 자기 영혼이 참여하는 정도보다, '원한다'에 자기 영혼이 참여하는 정도가 훨씬 커 보인다. '원한다'에는 자기 전체가 다 참여하는 것이다. 원하는 것이 분명하면 거기에 맞춰서 모든 일이 질서를 가진다. 더 중요한 일과 덜 중요한 일, 지금 당장 해야 할 일과 나중에 해도 되는 일들이 명료하게 순서를 갖는다. '원하는 것'이 분명하면, 내가 교수직을 유지하는 것이 내가 원하는 삶을 사는 데 도움이 되는지 안 되는지가 분명하게 드러난다. 누군가에게는 매우 어려운 결정으로 보이는 것도 원하는 것이 분명한 사람에게는 쉬운 결정일 수 있고, 누군가에게는 아주 큰 결정으로 보이는 것도 원하는 것이 분명한 사람에게는 작은 결정일 수 있다. '별처럼 산다'고 하는 것은 내가 원하는 삶을 살면서 '내가 나로 빛난다'는 뜻이다. 내가 나로 빛나면 유한한 시간 속에서 무한을 경험하게 된다. 그렇게 할 수 있는 가장 큰 힘은 '원하는 것'이다, 내가 교수 생활을 하면서 가장 놀랍고 슬픈 일은 청춘들이 자신이 무엇을 원하는지 모른다는 것이었다. 그보다 더 놀랍고 슬펐던 일은 그들이 자신이 무엇을 원하는지 자신에게 묻지 않는다는 것이었다. 자기가 무엇을 원하는지는 자기가 확인해야 한다. 원하는 것이 없는 삶은 빛날 수 없다. 원해야 한다!

나는 '원하는 사람'이다. 어떤 사람이 되고 싶은지가 분명하다. 그런데 어느 순간, 내게서 '나에게만 있는 비린내'가 약해지는 느낌을 받았다. 모든 생선에는 그 생선만이 가지고 있는 비린내가 있다. 내게도 나의 비린내가 있었다. 언제인지 모르지만 그 비린내가 약해지는 것을 느꼈다. 내가 '나'라기보다는 '우리' 속의 한 명으로 용해되어가는 것 같았다. 나는 그것을 위기라 생각했다. 내 비린내를 회복하기 위해서 어쩔 수 없이 나를 극단으로 몰고 갈 수밖에 없었다.

내게는 하나의 염원이 있다. 우리 모두가 자기 안에서 별을 경험하고 그리고 내가 별이 되는 삶을 원하자는 것이다. 이제 다른 별이 빛나는 모습에 박수 치는 것에 만족하지 말고 내가 별이 되어 살아

보자는 이야기를 많이 하고 싶다. 어느 상을 받으며 쓴 소감문이다.

지금은 고향으로 돌아갈 꿈을 꾸지만 아주 어렸을 때부터 나는 고향을 떠날 궁리만 했습니다.

고향은 너무 빈궁했고 남루했습니다. 게다가 지루하기까지 했습니다.

더운 여름날 하릴없이 마루에 누워 시간을 파먹다 보면 모든 것이 지쳐 늘어져 있는 와중에 살아 있는 것이라곤 매미 한 마리뿐이었습니다.

매미 울음소리는 지루함을 더 지루하게 합니다.

하얀색이 더 하얗게 보이도록 파란 물방울 한 방울을 떨어뜨리거나 단맛을 더 달게 하기 위해 소금을 조금 넣는 일처럼 매미가 내는 소리는 고요를 더 고요한 곳으로 내려놓습니다.

나는 고향의 남루함과 지루함을 이겨내며 도시를 떠돌고 국경도 넘나들었습니다.

다행스럽게 부모님은 나에게 좋은 뼈와 살을 주셨습니다.

쉽게 지치지 않았고 남 앞에서 울지 않았습니다.

애초에 타향은 아득한 것, 아무리 걸어도 닿지 않았으며 눈을 비비고 살펴도 안갯속이었습니다.

고향에서 타향까지의 그 종잡을 수 없는 거리에서 넘어지지 않으려고 용을 썼습니다.

나의 문자들은 고향과 타향 사이의 울퉁불퉁한 거리에서 삽니다.

이제는 압니다.

소리와 고요가 다르지 않다는 것을.

보폭의 크기와 지루함의 깊이가 정비례한다는 것을.

고향과 타향이 동전의 양면이라는 것을.

나의 문자들은 울퉁불퉁한 거리에서 항상 나와 함께했습니다.

어찌 모를 리 있겠습니까.

문자는 완전히 그 소유자의 몸입니다.

무학이셨던 제 어머니는 가끔 이렇게 나무라셨습니다.

"배운 사람이 글면 쓴다냐."

고향에서 어머니로부터 문자의 책임성을 내내 배웠습니다.

이제는 문장들 사이에서 소리가 들립니다.

문자들 속에 심어진 혈관과 심줄이 보이기 시작합니다.

문장도 문자도 결국은 사람입니다.

사람이 문장의 주인입니다.

사람처럼만 살다 보면, 별처럼만 살다 보면 내 문장에도 문자에도 피가 흐르고 그럴싸한 소리가 나리라 믿습니다.

그 피와 소리가 고향도 살리고 시대도 살릴 것입니다.

금방 죽습니다.

시간이 많지 않습니다.

산은 오색 바람을 맞으면서 쉰다, 60×60cm

아버지의 마음

아버지에 대한 나의 첫인상은 이렇다. 늦여름 무렵 어느 날이었다. 해는 이미 돌이킬 수 없는 각도로 기울었다. 우리 집은 가족 가운데 한 명이라도 자리에 없으면 그 사람이 들어와야 저녁 식사를 시작하는 느슨한 전통을 가지고 있었다. 어떤 날은 자정이 한참 지나서 저녁을 먹은 적도 있다. 그날도 배가 고팠지만, 저녁상을 차려놓고 아버지를 기다리고 있었다. 내가 그때 몇 살이었는지 정확히 셈하기는 쉽지 않다. 동생이 오리처럼 뒤뚱뒤뚱 몇 걸음 걷다가 넘어지곤 했던 것 같으니 아마 한 살 정도나 되지 않았을까? 그러면 나는 다섯 살 정도가 된다. 어머니는 소쩍새가 울기 시작하자 남산머리 쪽 신작로로 나가셨다. 자주 그러셨다. 어머니는 언제나 아버지를 설레는 마음으로 마중 나가셨다. 투박한 태도와 촌스러운 옷매

무새 속에 감추어진 그 설레는 마음은 아주 어린 내게도 파동을 일으키며 전달되었다. 사랑에는 그런 동작을 일으키는 힘이 있다. 그래서 사랑은 꼭 들키는 법이다. 어머니는 평생 아버지로 비롯되는 그런 파동을 일으키셨다. 아버지를 좋아하셨다. 아버지는 그러지 않으셨던 것 같다. 두 분 사이에 메워지지 않고 존재했던 마음의 격차 때문에 어머니는 평생 아프셨다.

남자의 품격

아버지는 엄청나게 큰 통나무 같은 것을 어깨에 메고 사립문을 왼손으로 가볍게 제친 후 문짝 아래를 발로 밀치며 들어오셨다. 사립문을 아주 사소한 것처럼 다루셨다. 항상 그랬듯이 어머니는 아버지 뒤에서 거리를 두고 따라 들어오셨다. 그날 아버지가 사립문을 밀치는 태도는 이전과 달랐다. 거기에는 사립문을 아끼는 마음이 전혀 묻어나지 않았다. 무엇인가 진짜 소중한 것을 가지고 있을 때는 그 외의 다른 것들을 가볍게 다루는 거만함이 드러난다. 나는 그 거만함을 느꼈다. 아버지가 사립문을 평소와 달리 가볍게 밀치시는 것을 보니 당시에는 분명한 문장으로 언어화하지 못했지만 아버지가 어깨에 걸친 것이 보통은 훨씬 넘는 물건일 것이라 짐작했다. 우리는 배고픈 것도 잊고 그 소중한 물건이 자신의 정체를 드러내기 위해 스스로 펼쳐지기를 기다렸다. 밥상은 옆으로 밀쳐졌다. 고급스러운 것은 자신만의 자부심을 감추지 못한다. 두루마리를 묶고 있던 몇 가닥 실을 끊자마자 그것도 마치 세상의 모든 것들이 와서 찬미하는 것을 허락한 듯 마음껏 자부심을 펼쳤다. 아버지는 펼쳐지는 힘을 따라가면서 가볍게 툭툭 도와주기만 했다. 방은 그것으로 꽉 찼다. 그것이 방바닥을 꽉 채우자 이미 있던 다른 것들과 대비되면서 혼자만 빛나고 화려해졌다. 일순간에 일어난 일이다. 그것은 비닐장판이었다. 종이를 얼기설기 발라서 가끔 흙이 드러나기도 했던 방바닥이 완벽하게 연마된 부드러운 대리석 바닥으로 바뀐 듯했다. 대리석을 모르는 나이였지만, 그것이 보여주는 완벽한 연마와 고급스러움은 충분히 느낄 수 있었다.

동생이 오리처럼 뒤뚱거리다가 오줌을 쌌다. 우리 가족은 혼란에 빠졌다. 종이 바닥이었을 때는 오줌이 한 방울만 떨어져도 색깔이 더 진해지면서 바로 표시가 났는데, 이 고급스러운 물건은 오줌이 어디에 있는지 표시조차 나지 않았다. 어머니와 누나가 걸레를 들고 이리저리 오줌을 찾으면서 웃고 또 웃었다. 그것은 우리가 이런 것을 누려도 되는가를 의심하면서 안에서부터 행복이 벅차올라 나오는 웃음이었다. 나는 덩달아 깔깔거렸고, 아버지는 우뚝 서서 내려다보시면서 미소만 짓고 계셨다. 미소에는 위엄이 넘쳤다. 우뚝 선 채, 아래로 하사하시던 아버지의 위엄 있는 미소와 그 아래서 오줌을 찾아 걸레질하면서 깔깔대던 나머지 식솔들의 경쾌한 웃음들이 얽혀서 직조해낸 광경은 내가 지금까지 보유하고 있는 것 가운데서는 가장 행복한 풍경이다. 이때부터 가정의 행복을 인식할 때면 이 풍경이 가장 먼저 떠오른다.

내가 오랫동안 남자와 아버지를 어느 정도 동일시하는 습관을 갖게 된 것도 이때부터일 것이다. 거대한 비닐장판 두루마리를 어깨에 메고 사립문을 밀치며 들어오는 아버지의 거만한 모습은 적어도 수컷의 삶이라는 것이 어때야 하는지를 매우 강하게 심어주었다. 이것은 내게 각인되기 위해서 아주 먼 고대부터 교육자료로 마련된 것 같았다. 인간이 겨우 인간의 형상을 갖추면서부터 수컷은 아마 그랬을 것이다. 동이 트자마자 굵은 눈썹에 이슬을 주섬주섬 앉히며 길을 나섰다가 해가 져서 다시 새벽만큼의 빛만 허용될 즈음에 매머드 뒷다리를 턱 하니 어깨에 걸치고 들어오는 것이다. 그날 아버지가 메고 들어오신 매머드 뒷다리는 비닐장판이었다. 길을 나선 수컷은 어쨌든 매머드 뒷다리 하나는 걸쳐 메고 돌아와야 한다. 그런 자라야 무릎걸음으로 걸레질을 하며 행복에 겨워 깔깔거리는 식솔들을 내려다보며 무게감 있는 미소로 자신이 처한 공간을 평정할 수 있다. 남자의 격이란 모름지기 매머드 뒷다리로 지켜진다. 이날은 그것을 배운 날이다.

아버지는 내내 근면하셨다. 나름대로 매머드 뒷다리를 메고 들어오는 남자의 품격을 유지하려고 애를 쓰셨다. 말수가 적으셨지만, 아버지는 누나나 동생보다 특히 내게 남자란 모름지기 매머드 뒷다리를 잘 쟁취해야 한다는 것을 잊지 않게 하시려는 것처럼 보였다. 그것은 횟수는 많지 않았지만 워낙 잘 준비된 것들이라 그냥 태도만으로도 내게 깊이 각인되었다. 말수가 적은 사람들은 그들 나름대로 자신의 의사를 세계에 전달하는 방식을 따로 갖는다. 태도나 몸짓이나 눈빛들이 그것이다.

내가 초등학교 3학년이나 4학년 정도였던 어느 날, 아침이라고 하기에는 너무 이르고 새벽이라고 하기에는 조금 늦은 어느 묘한 시점에 아버지는 나를 깨우셨다. 어려서 나는 입이 매우 짧았다. 입이 짧아서 먹는 일을 싫어할 정도였다. 그런 내가 그 시간에 밥을 먹는다는 것은 거의 불가능한 일이었지만, 내 허기를 위해서가 아니라 그 시간에 밥을 해준 어머니의 노고를 어루만져드린다는 의미에서 물에 말은 밥을 꾸역꾸역 집어넣었다. 내가 밥을 먹을 때 바라봐주시던 어머니의 눈빛은 나에게 큰 성취감을 안겨주곤 했다. 밥을 먹은 뒤, 마루에 먼저 나가 앉아 계시던 아버지를 따라 길을 나섰다. 아버지는 옆에 서서 같이 걸으시는 법이 없었다. 항상 앞에서 뚜벅뚜벅 걸으실 뿐이다. 어머니에게도 그러셨고, 내게도 그러셨다. 그런 아버지를 따라 새벽 들판의 대보 길을 건너 읍내 버스터미널까지 가는 길은 숨이 찰 정도로 버거웠다.

"으디 가지 말고 여그 서 있어라 이!"
버스터미널에는 딱 봐도 아버지와 비슷한 일을 하는 것으로 짐작되는 일군의 아버지들이 몇 명 먼저 와 있었다. 지금 거슬러 추측해보면, 아마 함평군의 선생님들이 함께 견학 가는 날이었을 것이다. 다른 아버지들은 다 혼자였다. 아들을 데리고 온 사람은 내 아버지뿐이었다. 나는 좀 어색하고 불편했다. 터미널 가게에서 아버지는 오리알 두 개를 사셨다. 오리알은 껍질이 잘 벗겨지지 않았다. 아무 말 없이 건네주신 오리알을 까서 먹는 일은 고역이었다. 왜 그리 크기도 한지. 어쨌든 나는 편치 않은 마음으로 오리알을 꾸역꾸역 먹다가 아버지가 안 보는 틈을 타서 반은 차 밑으로 던져버렸다. 그러고는 버스에 올랐다. 버스에 오를 때도 아버지는 손을 잡아주지 않으셨다. 나는 버스의 덜컹거리는 리듬을 따르다가 잠이 들었다.

일행은 어느 거대한 대문 앞에서 멈췄다. 내가 책에서만 봐왔던 '공장'이라는 것임을 어렴풋이 짐작했다. 우리가 도착한 곳은 비료 공장이었다. 나는 그렇게 큰 것을 본 적이 없다. 그렇게 큰 것을 아침 일찍부터 보는 일은 일단 말을 잃게 하였다. 나는 어떤 기술로도 내 마음속의 복잡한 심사를 표현할 길이 없었다. 공포, 두려움, 외경심, 숭배감, 벗어나고 싶은 마음, 깊이 빠져들고 싶은 마음 등등이 뒤엉킨 상태였다. 묘하게 어떤 슬픔 비슷한 감정도 느꼈으니 이 세상 모든 것이며 동시에 아무것도 아닌 것 같은 느낌이다. 그런 복잡한 심사의 정체를 들여다보느라 혼자 바쁜 내게 아버지는 집을 나선 이후 처음으로 한마디 하셨다. "으디 가지 말고 여그 서 있어라 이!" 나는 말뚝처럼 서 있었다. 아버지를 따라온 어린애가 나 혼자라는 점이 마냥 창피할 따름이었다. 아버지는 어디론가 갔다 오시더니 요즘 세상의 A4용지 크기의 묵직한 봉지를 내 품에 안겨주셨다. 그러고는 두 번째로 말씀하셨다. "으디 가지 말고 여그 서 있어라 이!" 잠시 후에 똑같이 생긴 묵직한 봉지를 하나 더 들고 오셨다. 견학 온 사람들에게 기념으로 주는 비료였다. 한 봉지씩만 주는데 아버지는 한 번 더 받으려고 줄을 다시 섰다가 받아오신 것이다. 창피하고 또 창피했다. 아버지가 대범해 보이지도 않고 위대해 보이지도 않았다. 한 봉지 더 받을 것을 도모하고자 나를 세워놓으신 그 태도가 나는 자잘해 보였다. 무언가 손에 넣으려고 적극적이셨던 모습이 오히려 초라하게 느껴졌다. 그때 내 마음으로는 아버지가 그깟 기념품에는 눈길도 안 주시는 것이 차라리 나았겠다 싶었다. 비료공장은 크고, 아버지는 작았다.

　나이가 들면서 점점 아버지는 현실적인 성공을 아주 중요하게 생각하신다는 느낌을 받았다. 이런 느낌은 아버지를 더 작아 보이게 했다. 슬픈 얘기에 눈물 흘리는 꼴을 보지 못하셨다. 사내는 울면 안 된다고 하셨다. 걸인을 불쌍히 여기는 마음도 허락하지 않으셨다. 열심히 살면 구걸할 필요가 없다, 열심히 살면 훌륭한 사람이 되고, 열심히 살지 않으면 거지가 된다고 하셨다. 죽음이라는 단어는 입에 올리지도 못하게 하셨다. 그저 사는 일에만 집중해도 부족하다고 하셨다. 텔레비전에서 죽거나 우는 장면이 나오면 바로 꺼버리셨다. 인색한 점도 있으셨다. 그런 인색함 덕분에 내가 여유롭게 공부할 수 있었고, 집에 오는 손님들에게 차비라도 주어서 보낼 수도 있었다는 것을 내가 가정을 꾸리고도 한참 후에야 알았다. 아버지는 공부하라고 말씀하지는 않으셨지만, 성공을 기대하는 눈빛은 매우 강렬했다.

"나는 니가 고시를 보면 좋겠다"

대학교 1학년 말의 어느 날 아침이었다. 술이 덜 깬 채로 늦잠을 자고 있었다. 자취방 문을 두드리는 소리가 들렸다. 아버지가 서 계셨다. 전날, 2학년 때부터 이수해야 할 전공을 정하고, 그 내용을 알리는 전보를 쳤던 기억이 났다. 아마도 결근하고 오신 것 같았다. 아버지의 47년 교직 생활에서 내가 기억하는 첫 결근이다. 유일한 결근일 것이다. 260명의 서강대학교 문과 계열 동기생들 가운데 3명이 철학과를 지망했다. 그 3명의 아버지는 모두 다 결근하셨을 것이다. 당시 철학과에 대한 인상은 그랬다. 제정신이 아닌 사람들이나 인생의 성공을 포기한 사람들만 가는 곳이었다. 그때 나도 삶을 가볍게 보는 묘한 기류를 내면에 품고 있었으니 제정신이 아니었던 것은 맞다. 아버지는 철학과를 선택한 이유 같은 것은 아예 묻지 않으셨다. 물으셨다면 더 난감했을 것이다. 철학과를 선택한 이유를 설명하는 것은 이 세상에서 가장 어려운 일 가운데 하나다. 철학이 무엇인가를 설명하는 것보다 더 어렵지 않겠는가. 적어도 내게는 그랬다. 아버지는 단도직입적으로 말씀하셨다. "나는 니가 고시를 보면 좋겠다." 나도 가볍게 말씀드렸다. "철학을 먼저 해야 고시를 잘 붙는다요. 긍께 부전공은 정치외교학으로 허요." 몇 마디 나누지 않고 아버지는 일어나셨다. 더 말해봐야 별 소용이 없겠다고 느끼셨는지, 아니면 내 말에 설득이 되셨는지는 모를 일이다. 실제로 나는 정치외교학을 부전공으로 정했고, 한 학기 정도 지나 전공이 더는 집안의 문제가 되지 않을 때쯤 독문학으로 바꿨다. 그리고 한 학기 더 지나서 또 바꿨다. 그래서 졸업할 때 부전공은 사회학이었다. 아버지는 고시를 통과하여 판검사가 되는 아들을 꿈꾸셨으나 나는 전혀 생각이 달랐다. 내내 아버지는 철학을 공부하는 나를 마뜩잖아하셨다. 내색은 하지 않으셨지만, 알아채고도 남음이 있었다.

친구들의 근황을 물으실 때도 한참 동안은 판검사 하는 친구들을 먼저 물으셨다. 또 그 친구들의 이동 상황을 어찌 그리도 잘 알고 계셨는지 모른다. 나보다 먼저 알고 내게 물으실 때도 있었다. 이런 일은 내 이름이 신문에 실리고 텔레비전에 나오기 시작하면서 잦아들었다. 아버지에게 현실적인 성공이란 곧 판검사가 되는 것이었다. 내가 현실적으로 성공하는 길을 가지 않은 것이 아버지에게는 내내 서운한 일이었다. 그러나 나는 아버지가 현실적인 성공 너머에 있을 법한 의미나 가치 등을 살피지 않는 것이 내내 아쉬웠다. 비닐장판 두루마리를 어깨에 걸쳐 메고 사립문을 열고 들어오시던 아버지의 위대함이 점점 덜 느껴지면서 나는 무척 혼란스러웠던 것 같다. 사립문을 열던 아버지의 거만한 자태에는 어렴풋이 시도 있었고, 음악도 있었고, 삶의 정체를 파고드는 번뇌도 있었고, 죽음에 대한 통찰도 있었고, 신과의 소통 능력도 있었다. 그러나 그날 그때뿐이었다.

어머니와 아버지는 두 분이 함께 함평의 군립요양병원에서 말년을 보내셨다. 내가 따뜻이 모시지 못했다. 앞서거니 뒤서거니 하면서 거기서 살다 가셨다. 어머니가 먼저 가시고 아버지는 3년 정도

후에 뒤따라가셨다. 아버지와 나는 평생 어색했다. 아버지는 그렇지 않으셨는데, 나만 그랬는지도 모르겠다. 어머니가 살아 계실 때 나는 어머니에게 하루에 한두 번은 꼭 전화를 드렸다. 해보 할매 얘기며 은주 엄마 얘기 등을 함께 나누었다. 뒤뜰의 머위, 매화, 모과, 석류, 고로쇠나무들도 다 우리 모자의 말 반찬들이었다. 내가 술을 많이 먹는다고 아버지가 동생을 시켜서 심은 헛개나무에 대해 얘기할 때는 많이 웃기도 했다. 오가피 잎을 데쳐서 나물을 해 먹는 얘기도 재밌었다. 어머니가 자주 가양주를 담그시는 바람에 동생이 즐겨 마시고 아랫배가 나왔다는 얘기를 할 때는 둘이서 웃음을 참지 못할 지경이었다. 어머니가 안 계셔서 가장 아쉬운 것이 이런 자잘한 전화 통화다. 어머니가 가시고 아버지 혼자 남으셨을 때 나는 이제 전화할 곳이 없다는 생각만 했다. 아버지에게는 전화가 걸어지지 않았다. 그분이라고 어찌 생각이 없고 느끼는 바가 없으셨을까. 아버지는 무척 서운하셨을 것이다. 그 마음이 내게 전해지는 날은 가슴이 찢어지는 것만 같다.

"나 인자 그만 먹을란다"

아버지가 우리에게 남기신 마지막 말씀은 "나 인자 그만 먹을란다"였다. 유언도 아니고 뭣도 아닌 말씀을 남기셨다. 그 말씀 속에 혹시 나에 대한 서운한 마음이 들어 있지 않을까 해서 또 가슴이 찢어진다. 아버지는 생전에 내게 전라도와 함평에서 강의를 요청하면 되도록 응하라고 당부하신 적이 있다. 부산은 그렇게 자주 가면서 왜 전라도에는 안 오냐고도 하셨다. "불러줘야 오제, 내가 그냥 오는 일이 아니어라우." 이렇게 말씀드린 후부터는 더욱 신경을 쓰셨다. 그런데 돌아가시기 사흘 전쯤 함평군에서 인문학 강의를 할 일이 생겼다. 함평군에서는 나를 배려하는 차원에서 내가 향교리 서교마을로 이사 오기 전에 살았던 궁산리의 신평마을 어르신들도 모셔왔다. 인문학 이야기를 너무 집중해서 듣고 계시던 어르신 몇 분이 강의 중에도 눈에 들어왔는데, 그분들이 바로 그 어르신들이었다. 강의 내용이야 무슨 상관이었겠는가. 최현기 아들이 강의하고 있다는 사실만이 중요들 하셨을 것이다. 내 친구 연섭이 아버지도 오셨고, 성길이 형님인 이장님도 오셨다. 강의를 끝내고 바로 아버지에게 갔다. 그때 아버지는 이미 의식이 많이 흐려지신 상태였다. 아버지 귀에 대고 "아버지, 함평군에서 불러서 강의하고 왔어라우" 하고 크게 말씀드렸다. 가슴이 미어졌으나 울음은 참았다. 그 흐릿한 의식으로도 고개를 끄덕이셨다. 애쓰고 애쓰시다가 실눈을 뜨고 잠시 나를 바라보셨다. 그러고는 더듬더듬 내 손을 잡으셨다. "함평군 초청으로 강의한 것을 보니 니가 성공했구나!"라고 말씀하시는 듯했다. 아버지는 당신의 맘에 드는 일을 내가 했을 때, "잘했다!"라고 하지 않으시고, "고맙다!"라고 하셨다. 이날도 아마 속으로는 "고맙다!"라고 하셨을 것이다. "나 인자 그만 먹을란다"라고 말씀하신 후 대여섯 개의 달이 몰래 떴다 지고 떴다 지고 난 어느 날 이른 초저녁이었다.

광주나 함평에 일이 있어 내려오는 날에는 먼저 일을 보고 난 다음에 아버지를 찾아뵙곤 했다. 아버지 귀에 대고 '성공 보고'를 한 금요일 저녁에 일단 서울 집으로 왔다. 이틀 후 일요일에 조선대학교 강당을 빌려 하는 강의가 있어서 내려갔다가 아버지 곁에 머물 요량이었다. 임종은 하고 싶었다. 어머니 임종은 하지 못했다. 토요일 저녁부터 갑자기 불안감이 더 커졌다. 그래서 급히 기차표를 바꿨다. 강의를 끝내고 아버지에게 갈 일이 아니라, 강의 전에 먼저 가고 싶었다. 새벽 기차에 올랐다. 익산쯤 왔을 때 전화벨이 울렸다. 7시가 조금 안 된 시각. 사람에게는 용건을 듣기 전에 미리 알아차리는 능력이 있다. 전화벨이 울리자, 임종하는 효도의 길이 이미 지났음을 직감했다. 아버지는 아무도 없는 병실에서 혼자, 자신이, 스스로 죽음을 결정하셨다. "나 인자 그만 먹을란다"라고 말씀하신 후, 8일간 아무것도 드시지 않았다. 그리고 가셨다.

곡기를 끊는다는 말을 들어본 적은 있다. 수련의 정도가 고도로 높은 선사들에게만 있는 일인 줄 알았다. 매우 현실적이셨으며, 세속의 성공을 귀하게 여기셨던 내 아버지에게는 전혀 가능하지 않을 일로 여겼다. 곡기를 끊는 일이 위치한 곳에 있는 언어들을 아버지에게서 들어본 적이 한 번도 없기 때문이다. 곡기를 끊는 일과 아버지 사이에는 연결 자체가 아예 불가능했다. 그러나 내 아버지는 곡기를 끊고 가셨다. 유언다운 말씀 한마디 남기지 않으시고, 오직 곡기를 끊은 사실만 남기셨다. 이 세상에는 어떤 흔적도 남기지 않으려고 하셨을까? 아버지가 돌아가신 날 오후 2시에 나는 조선대학교 강당에서 하기로 정해진 강의를 하러 함평농협 장례식장을 조용히 나섰다. 어머니 장례식 때 중국에서 열리는 '한·중 1.5트랙 대화' 회의에 참석하려고 함평농협 장례식장을 나섰듯이 말이다. 일단 조금 걷기로 했다. 조금 걷기로 한 걸음이 부질없이 많아지고 길어졌다. 어디선가 아버지의 낮고 느린 말투가 들렸다. 갑작스런 일이다. "니 강의를 들어보고, 니 글을 읽어보면, 가끔 죽음에 대해서 이리저리 말도 잘하드만. 나는 살기 바빠서 죽음 같은 것은 생각도 못했다. 거그다가 철학이 뭔지도 모르니 죽음을 놓고는 한마디도 할 줄 모른다. 근디 말이다, 그래도 나는 이렇게 죽을 수 있다. 뭔지 몰라도 나는 이렇게 죽을 줄 안다." 한마디가 더 들렸다. "너는 어쩔래?"

어머니의 마음

내 위로 누님이 두 분 계셨다. 시제를 과거형으로 잡은 것은 지금 한 분만 계시기 때문이다. 다른 한 분은 큰누님이다. 큰누님은 내가 학교도 들어가기 전에 돌아가셨다. 나를 예뻐했고, 자신도 아주 예뻤다고 어머니에게 한 번 들은 기억이 난다. 어머니는 단호하게 말씀하셨다. "정자는 이뻤는디, 수자 저것은 성질도 못쓰고 인물도 물짜서 어쩌끄나." 큰누님에게서 비롯된 회한을 누르시느라 어머니는 종종 둘째 수자 누님한테 모질게 대하곤 하셨다. 나는 이제 큰누나와 몇 살 차이가 나는지도 잘 모르겠다. 초등학교 6학년인가 중학교 1학년 정도에 백혈병으로 가셨다는 것을 어렴풋하게 기억하는데, 그것마저도 환청인지 착각인지 모를 정도로 그저 희미하고 뿌옇기만 하다. 어떤 기억들은 아무것도 아니어야 하는 운명을 가지기도 한다. 큰누나에 관한 것들이 그렇다.

　우리 집에서 큰누나를 입에 올리지 않는 것은 배움 이전의 일이다. 누가 그러라고 한 것도 아닌데, 태어날 때 이미 알고 있었던 것처럼 전 가족이 잘 지켰다. 가끔 작은누나와 나 단둘이 있을 때나, 동생과 내가 단둘이 있을 때 눈을 마주치지 않은 채 비스듬하게 대면하며 마치 뻔히 사라져버린다는 사실이 예정된 연기처럼 겨우 몇 마디 입가를 스치다 말 뿐이다. 다시 따져 보니 이런 불편한 경우가 동생과는 있지도 않았던 것 같다. 동생은 너무 어려서 큰누나에 관한 한, 나보다 더 가진 것이 없었기 때문이다. 우리에게는 없는 일이어야만 했다. 내게 큰누나의 흔적은 하나도 남아 있지 않다. 환각으로도 존재하지 않는다. 냄새나 소리나 시각적인 어떤 기억도 없다. 공간을 차지하는 이미지는 하나도 없고 다만 사망 다음 날의 시간적 계기들로만 내 의식 속에서 우왕좌왕할 뿐이다.

　늦은 저녁이었다. 나는 이미 잠들었고, 잠의 두께를 더하기에 가장 적당한 톤으로 웅얼거리는 어른들 목소리가 잠결의 한 폭을 묵직하게 누르며 채워 나갔다. 잠이 들었다고 스스로 새겨야 하는 묘한 잠이었다. 잠과 잠 사이를 절제 없이 뚫고 들어오는 한 덩어리의 소리가 잠을 붙잡느라 애쓰던 나를 겪어본 적 없는 불안 속으로 밀어넣었다. 어머니의 울음소리는 마치 피가 터졌다 뭉쳤다 하는 것 같았고, 살점이 갈라졌다 붙었다 하는 것 같았다. 나는 어머니에게서 터져 나오는 그런 짐승 같은 소리를 들었다. 어머니 말고 따로 또 우는 사람은 없었다. 이 세상의 울음을 혼자 다 울어야 하는 천형을 받은 것 같은 엄마. 나는 눈을 떠야 하는지 계속 자야 하는지를 길게 따지지 않았다. 어쩐지 눈을 뜨면 안 될 것 같다는 생각이 들었던 것 같다. 학교도 들어가기 전이지만, 내가 나름대로 사리를 살펴 평상시보다는 더 수준 높은 태도를 보여야 하는 상황이라는 것 정도는 알았던 모양이다. 그래서 나는 언제나 대여섯 살 난 어린 애들 앞에서도 조심한다. 나는 그 나이 때에도 인간의 존재 의미가 다층적으로 중첩된 미묘한 상황에서 미학적인 높이의 행위를 결정할 줄 안다고 믿기 때문이다. 내가 그랬기 때문이다. 아이들도 다 그들 방식대로 알고 행동한다. 잠든 척하다가 나는 어쩔 수 없이 다시 잠이 들어야 했다.

며칠 전부터 큰누님의 숨이 점점 거칠고 가빠지자(나는 모르는 일이다) 어머니는 함평군 대동면 향교리 상교마을에 사는 내 외삼촌인 친정 오빠를 부르셨다. 그때 아버지가 곁에 안 계셔서 삼촌을 부르셨는지, 계셨어도 부르셨는지는 잘 모른다. 다만, 아버지가 계셨다면 참 이상한 일이다. 그 며칠 동안의 내 기억에서 아버지는 한 번도 출현하시지 않았다. 왜 아버지는 안 보이고, 외삼촌만 보일까. 이상하지 않을 수 없다. 당연하지 않은 것이 기억에는 더 야무지게 박힌다. 그래서 기억으로 존재를 가늠한다면, 생경한 것이 더 힘찬 생명력을 가질 것이다. 당연한 일상에서 생경함을 발견하는 능력을 가진 자가 천재일지도 모른다. 아마 당시 내게 아버지는 당연하고, 외삼촌은 당연하지 않았을 수도 있다. 아침에 눈을 뜨니 나는 아랫

목에 담요에 싸진 채로 있었다. 윗목에는 병풍이기 싫은 것 같은 태도로 모양만 겨우 갖춘 병풍이 서 있었다. 그전에는 없던 것이었다. 없던 것이 있으면 무슨 일이 일어났다는 뜻이다. 누가 알려주지 않아도 알 수 있었다. 누나가 죽었다. 죽은 누나는 우리와 다르다. 그러니 이제 우리와 다른 세계로 갈 연습을 해야 할 것이다. 그래서 병풍으로 격리하여 다른 세계를 잠시 만들고, 거기다가 누나를 두었구나. 누나는 죽어서 연습생이 되었다. 나는 어떤 것도 묻지 않았다. 이 상황에서는 서로 그럴 일이 아니라고 판단한 것이다. 어린애처럼 행동해야 한다고만 생각했다.

많은 사람이 찾아왔다. 많아 봐야 아기 주먹만한 동네에서 얼마나 많았겠는가마는, 보통 농번기에 마당을 채우던 일꾼들 숫자보다는 많았다. 아마 향교마을과 고양촌 쪽에서 오신 분들이 많았을 것이다. 향교마을에는 외가가 있고, 고양촌 쪽에는 우리 해주 최씨들이 모여 살았다. 향교마을에서 내가 살던 궁산리 신평마을까지는 걸어서 두 시간이 걸렸다. 나는 손불면 궁산리 신평마을에서 초등학교 1학년을 잠시 다니다가 향교리로 이사를 하고, 학교도 향교초등학교로 옮겼는데, 5학년 때까지 줄곧 걸어다녔다.

손님들이 마당을 채우고 있는 상황 자체로 나는 약간 흥분되었다. 좋은 일이 일어난 것이 아님은 어림짐작으로 알았지만, 사람들이 들락날락하는 상황은 그전에 경험해보지 못한 일이라 흥분했던 것 같다. 나는 되도록 어린애처럼 행동하려고 애썼다. 분명하지는 않지만 내 나이는 아마 여섯 살 정도였던 것 같다. 흥분한 어린

애는 이리저리 뛰어다녔다. 사람들 사이로 내가 할 수 있는 가장 기민한 발걸음으로 뛰었다. 아무도 제지하지 않았다. 어떤 어른은 나를 붙잡고 볼을 만져주었다. 그러면 나는 얼른 뿌리치고 다시 뛰었다. 그것이 위로라는 것을 알았고, 그 위로가 길어지면 내가 어린애처럼 행동하지 못할 수도 있다는 것을 스스로 알았던 것 같다. 뿌리치고 뛰는 일만이 내가 철없는 어린애로 존재하는 유일한 길이었다. 지금 생각해보면, 〈쇼스타코비치 왈츠 2번〉 같은 행동이었다. 나만 그러는지 알 수 없고 꼭 알아야 할 필요도 없지만 나는 왈츠곡이 슬픔을 감추려고 억지로 템포를 경쾌하게 끌고 간다는 인상을 받았다. 내일 출전을 앞둔 전사가 마지막으로 누리는 파티에서 눈을 꼭 감고 자신을 죽음에 맡겨버리는 곡조로 들린다. 상대가 되어 같이 빙빙 돌아주는 여성은 죽음이다. "죽더라도 너는 명예를 얻을 수 있어. 그것이 진정으로 사는 길이야. 고통과 공포는 그리 오래가지 않아. 금방 끝날 거야"라고 속삭이는 여인은 환하고 따뜻한 미소로 병풍을 친다. 누나를 보내는 병풍에도 붉은 꽃 그림이 있었다. 큰누나의 죽음을 따라 나는 마당을 이리저리 가로지르며 계속 뛰고 돌았다.

기억하기 싫어도 딱 붙어 있을 것만 같은 의식의 조각들이 계속 뛰면 떨어져 나갈 것으로 생각했는지도 모른다. 짐승 같은 어머니의 울음소리를 들었던 밤이 지나고 아침이 오자 한 방에서 같이 밤을 새웠던 어른들은 임무를 따로 맡은 것처럼 각자의 모양을 따라 분주해졌다. 누가 죽자마자 그 슬픔은 슬픔으로만 존재하지 않는다.

바로 처리해야 할 일들이 분수처럼 솟아오르며 슬픔도 하나의 업무로 바뀐다. 업무를 따로 맡은 사람들은 서로를 살피지 않고 각자 흩어진다.

어느 순간, 방 안에 아무도 없었다. 두 세계로 나뉜 방 이쪽에 내가 있고 누나는 저쪽에 있었다. 나는 앉아 있고, 누나는 누워 있고. 세상에는 이유를 알 수 없는 일이 벌어진다. 왜 그랬는지는 이유를 알 수 없지만 나는 병풍 뒤로 돌아갔다. 누나는 얇은 천을 발끝부터 머리까지 올려서 이불처럼 덮고 누워 있었다. 지금은 그 천이 무슨 색이었는지도 기억나지 않는다. 얇은 천인 것만 뚜렷하게 기억한다. 천 끝을 손가락 끝으로 살짝 건드려 보았다. 그 사소한 긴장이 기억난다. 왠지 덥석 만지면 안 될 것 같았다. 그러다가 엉덩이를 밀며 조금 더 다가갔다. 한참을 앉아 있었다. 고개를 이리저리 돌려 그쪽 세계의 사방을 둘러봐도 병풍으로 갈라진 것 외에는 달라진 것이 없었다. 그렇지만 근본적으로 모든 것은 달라졌다. 달라진 모든 것은 온도에 담겼다. 분명히 기억나는 것은 방 하나를 병풍으로 갈라놨지만, 이쪽과 저쪽을 비교하면 저쪽이 이쪽보다 서늘했다. 달라진 모든 것이 온도에 담긴다면, 혹시 이 세상은 온도의 기록이 아닐까? 나는 천천히, 아주 천천히 누나를 보내는 마지막 의식을 치르는 기분으로 누나의 얼굴까지 덮고 있던 천을 목 아래로 내렸다. 이상했다. 누나의 얼굴이 갑자기 달라졌다. 색깔도 달라졌고, 눈도 코도 입도 사라졌다. 더 가까이 다가가 자세히 들여다봤다. 동네 풍습인지,

우리 집만의 풍습인지는 모르겠다. 아무튼 풍습도 아닌데 그냥 그렇게 한 것인지는 모르겠지만 누나의 얼굴은 얇게 펴진 밀가루 반죽으로 덮여 있었다. 나는 갑자기 아무 생각 없이 그 밀가루 반죽의 이마 쪽 끝을 잡고 살짝 들어보려다 이내 내려놓았다. 웬지 그러면 안 될 것 같았다. 누나를 보내는 내 의식은 그 정도로 충분하다고 느꼈나 보다. 그날 그 뒤로 무슨 일이 더 있었는지는 아직까지 아무 기억이 없다.

제2부

우주를 겨드랑이에 낀 채로

자유로운 단계는
없는 것을 꿈꾸는 단계이다.
없는 것을 꿈꿀 때 인간은
도전, 용기, 모험적인 활동을 한다.

태산에서 도를 묻다, 70×135cm

덕이 출렁출렁하게
드러나지 않은 채로

몇 마디 말을 나눠보지도 않았지만, 괜히 믿음이 가는 사람이 있다. 많은 말을 나누고도 뭔가 허전한 느낌만 남기는 사람이 있다. 여럿이 모여서 어떤 일을 결정할 때 마지막 매듭을 짓는 역할을 하는 사람이 꼭 있다. 강의를 듣고 나서 강의 내용을 물고 늘어져 자기 멋대로 다음 이야기를 구성해보는 사람이 있는가 하면, 강의 내용을 기억하는 데에만 집중하는 사람도 있다. 물론 듣고 나서 죄다 흘려보내는 사람도 있다. 똑같은 내용의 얘기를 들어도 사람마다 반응은 다 다르다. 같은 내용에 각자 다르게 반응하는 이유는 무엇일까? 왜 사람들은 같은 일에 각기 다른 깊이로 반응할까? 그 이유는 인간으로서 가지고 있는 근거, 즉 그 사람만의 바탕이 다르기 때문이다.

다른 사람들이 쓰레기를 함부로 버리는 일에 분개하면서 정작 자신도 쓰레기를 버리는 사람이 있다. 그런가 하면, 다른 사람들이 쓰레기 버리는 일을 탓하지 않고 묵묵히 봉지 하나를 들고 집을 나서는 사람도 있다. 기차를 탔을 때 전화가 오면 조용히 자리에서 일어나 통로로 나가 받는 사람이 있는가 하면 안하무인 격으로 앉은 자리에서 통화하는 사람도 있다. 다른 사람의 글을 분석하고 비판하는 것으로 날을 새는 사람이 있는가 하면 묵묵히 마음을 내려놓고 자신만의 글을 쓰는 사람이 있다. 밖에서는 '민주'를 외치지만, 집에 오면 독재자로 변하는 사람도 있다. 책을 읽을 때 질문이 마구 샘솟듯이 일어나는 사람이 있는가 하면, 책 내용을 수용하기만 하는 사람도 있다. 환경 보존을 외치면서 일회용 컵이나 접시들을 마구 쓰는 사람이 있는가 하면 철저히 자제하는 사람도 있다. 주장과 행동이 일치하는 사람이 있는가 하면, 각각이 따로 있는 사람도 있다. 무엇 때문에 이렇게 달라지는가. 인간으로서 가지고 있는 근거, 즉 그 사람만의 바탕이 다르기 때문이다.

우리 집에서 얼마 떨어지지 않은 곳에 교회가 있다. 일요일이면 교회에 나오는 사람들이 끌고 온 차들로 주변 도로의 교통 상황은 엉망이 된다. 도로 양쪽에 불법주차를 하는 바람에 상당한 거리의 차도가 극심하게 좁아져서 오가는 데에 여간 불편한 게 아니다. 교회에 나와 이웃 사랑에 관한 설교를 듣고 결심하고 다짐하는 일을 하느라 이웃에 큰 폐를 끼친다. 이웃을 사랑하자는 그 다짐과 이웃에 폐를 끼치는 일 사이에는 도대체 무엇이 있는가.

제대로 사는 일. 힘들고 불편하다. 쓰레기를 함부로 버리는 일을 비판하기는 쉽고, 자신이 직접 쓰레기를 줍는 일은 힘들다. 이웃은 아랑곳하지 않고 자신의 편리를 위해 차를 끌고 오기는 쉽고, 이웃에 폐를 끼치지 않으려고 걷거나 대중교통을 이용하면 불편하다. 이웃 사랑을 말하기는 쉽다. 그것을 실천하려면 반드시 일정 정도의 불편과 노고를 감당해야 한다. 일회용 물건을 쓰기는 쉽지만 그것을 쓰지 않으려면 자신만의 컵을 가지고 다니는 등의 불편을 감수해야 한다. 기능적인 일은 쉽다. 사람의 본바탕이 작동하는 일은 어렵고 불편하다. 대답은 기능적 활동이고 질문은 그 사람에게만 있는 내면의 호기심이 발동하는 인격적 활동에 속한다. 당연히 질문은 어렵고 대답은 쉽다. '따라 하기'는 쉽고 창의가 어려운 이치다. 사람은 쉬운 쪽으로 쉽게 기울게 되어 있어 질적인 상승이 더디다. 그래서 제대로 사는 일은 언제나 어렵기만 하다.

간단히 정리하면, 인간으로서 제대로 사는 일은 스스로 불편을 자초하는 일과 같다. 불편의 최고 단계인 '장애'의 지경으로까지 끌고 가지 않을 수 없다. 그래서 다양한 수행의 모든 과정은 사실 '불편'한 것들로 짜여 있다. '장애'를 내면화하여 그것과 일치되는 경험을 유도한다. 불편과 장애와 한 몸이 되는 단계에서 인간의 본바탕이 구출되곤 한다. 편하고 자극적인 기능에 갇히지 않고 '장애' 상태를 자초하면서 성숙은 시작된다.

발 하나 잘린 왕태(王駘)

춘추전국시대, 노(魯)나라에 형벌을 받아 발 하나가 잘린 왕태라는 사람이 있었다. 덕망이 높아서 따르는 제자가 공자만큼이나 많을 정도였다. 공자의 제자 가운데 한 명인 상계(常季)가 공자에게 묻는다. "왕태는 외발이 장애인입니다. 그런데도 따르는 제자 수가 선생님만큼이나 많습니다. 그는 가르치는 것도 없고 토론도 하지 않는데, 빈 마음으로 찾아갔다가 무언가를 가득 얻고 돌아간다고들 합니다. 그는 과연 어떤 사람입니까?" 공자가 답한다. "그분은 성인이시다. 나도 찾아뵈려 했지만 꾸물대다가 아직 뵙지 못했다. 나도 그분을 스승으로 삼으려 하는데, 나만 못한 사람들이야 더 말해 무엇하겠느냐. 노나라 사람뿐 아니라 온 천하 사람들을 다 데리고 가서 그를 따르려 한다." 장애인인데도 모두 그를 따르려 한다면 도대체 그 사람은 어떤 마음가짐을 가진 것인지를 상계가 묻자 공자는 '근본'을 지키고 있다고 말한다. 왕태는 자신의 지혜로 자신의 본마음을 터득한 것이다. 이에 상계가 또 묻는다. "자신의 지혜로 자신의 본마음을 터득했을 뿐인데 왜 많은 사람이 그를 따르는지요?" 공자가 답한다. "사람은 흐르는 물을 거울삼지 않고 잔잔하게 가라앉은 물을 거울삼는다. 올바른 본심은 뭇사람의 마음을 사로잡을 수 있다(『장자(莊子)』「덕충부(德充符)」)."

도가에서는 이런 본마음, 즉 존재의 근본 상태를 '덕(德)'이라고 표현한다. 덕이 있는 사람은 타인을 압도하는 힘이 있다. 타인들은 이런 사람을 추종하고 싶어 한다. 중후함이 경박함을 흡수하는 이치다.

기능적인 활동에 갇힌 사람은 편한 것을 추구하며 가벼운 잡담과 비교 욕망에 빠져서 자신의 본바탕을 놓치고 가볍게 흔들린다. 하이데거는 이런 상태를 "존재자에게서 존재가 빠져 달아나버렸다"고 말한다. 가벼운 기능과 비교와 잡담에 빠져 인간으로서 가져야 하는 성스러운 어떤 본바탕을 상실하였다고 비판한 것이다. '장애'의 상태를 자초하여 불편을 감수하면서 '덕'이라고 불리는 본바탕을 지키는 것이 자신을 키우는 일이다.

이 '덕'의 유지가 바로 인간을 기능적 활동에서 벗어나 본래적 인간으로 서게 만든다. 기차 안에서도 전화가 오면 전화를 받는 기능에 빠지지 않고 인간으로서 품격을 유지하기 위해 통로로 걸어 나가는 불편을 감수한다. 교회에 갈 때 이웃에 폐를 끼치지 않기 위해 차를 몰고 가지 않는 불편을 스스로 받아들인다. 아는 것에 매몰되지 않고 모르는 곳으로 넘어가려고 불편한 몸부림을 친다. 이렇게 하면 자신의 질량이 커지고 또 커져서 다른 가벼운 것들을 제압하는 힘을 갖게 되는 것이다. 이것이 바로 매력이고, 존경을 유발하는 요소다. 장애인 왕태가 존경받고 수많은 추종자를 거느린 이유다.

애태타(哀駘它)

또 아주 오래전 춘추전국시대의 위(衛)나라에 애태타라는 추남이 살고 있었다. 그와 함께 지낸 남자들은 그 곁에서 떠나지 않으려 하고, 그를 본 여자들은 다른 이의 아내가 되느니 차라리 그의 첩이 되겠다고 한다. 그는 자기 의견을 내세우지도 않고 늘 다른 이에게 동조할 뿐이었다. 군주의 자리에 있으면서 죽음의 위기에 처한 사람을 구해준 것도 아니고, 쌓아둔 재산으로 남의 배를 채워준 것도 아니었다. 게다가 그 흉한 몰골은 세상을 깜짝 놀라게 할 정도였다. 지식도 사방 먼 곳까지 미칠 정도는 아니다. 그런데도 많은 남녀가 그를 따르려 모여드는 까닭은 무엇인가? 장자는 이것을 온전한 덕을 가지고 있으면서도 그것을 드러나게 하지 않는(德不形) 깊은 내공 때문이라고 한다(『장자』「덕충부」).

'덕'을 갖추고 있음에도 드러내지 않는다는 것은 무슨 뜻인가. 비유하여 말하면 물이 잔잔하게 멈추어 수평을 이룬 상태다. 안에 깊은 고요를 간직하고 출렁이지 않는다. 덕이 출렁출렁하게 드러나지 않을 정도가 되면 사람들은 거기에 이끌려 떨어질 수가 없다. 외적으로 출렁이는 모습은 기능에 갇혀 경박하게 움직이는 모습을 말한다. 다른 사람이 쓰레기를 버린다고 비판하면서도 자신 역시 버리는 이중적 가벼움 같은 것이다. 아는 것을 지키기만 하지, 모르는 곳으로 넘어가려는 지적 부지런함을 발휘하지 못하는 모습이다. 눈앞의 편리함을 위해 공공의 책임감을 포기하거나 불편을 감수하지 않으려는 경박함이다. 이런 경박함을 버리고 불편함을 감당하며 인간으로서 품격을 지키려고 노력하는 사람이 '덕이 있는 사람'이다. 여기서 매력과 존경이 생길 뿐 아니라 비범하고 특별하며 위대한 일들도 덩달아 일어난다.

앞서 말한 하이데거의 "존재자에게서 존재가 빠져 달아나버렸다"는 문장에서 '존재'는 바로 존재자의 고향이자 '덕'이 활동하는 곳이다. 가볍고 번잡한 기능들을 지배하는 힘을 가진 비밀스러운 곳이자 일상 속의 다양한 이중성 속에서 인간으로서 더 나은 선택을 하는 힘이 드러나는 곳이다. 창의적이고 비범하며 특별한 일들이 시작되는 곳이다. 그래서 '존재', 즉 '덕'의 활동은 성스러운 것이라 할 수밖에 없다. 거기서 사는 사람을 우리는 인간 가운데 가장 뛰어난 자, 즉 '성인(聖人)'이라고 부른다. 왕태나 애태타는 존재자에게서 존재가 빠져 달아나지 않게 하고 그것을 잘 지킨 사람들이다. '불편' 심지어는 '장애'적 상황을 피하지 않고 오히려 감수한 사람들이다. 경박하지 않고 성스러운 삶은 스스로 '불편'과 '장애'를 자초하지 않고는 얻을 수 없다. 시민으로 사는 일도 마찬가지다. 불편을 자초하며 경박함을 벗어나면서라야 비로소 가능하다. 그것을 우리는 시민 의식이라 하지만, 사실은 인간으로서의 성스러움을 지키려는 태도다. 성스러운 삶은 불편을 감수하거나 자초한다.

자신의 고유한 걸음걸이로

구한말, 한반도 남쪽 구례 땅에 황현(黃玹, 1855~1910)이라는 사람이 살고 있었다. 호는 매천(梅泉)이다. 그는 이십대에 큰 뜻을 품고 상경하여 과거 시험을 보았는데, 초시(初試)에서 첫째로 뽑히고도 전라도 시골 출신이라는 이유로 둘째로 내려앉혀졌다. 이로 인해 매천은 온 나라에 가득 찬 편견과 부패를 몸소 겪게 되었고, 바로 분기탱천하여 다음 시험은 보지도 않은 채 고향으로 내려가버렸다. 그렇게 5년을 보냈다. 나중에 부친의 바람이 하도 간절하여 어쩔 수 없이 다시 상경해 생원회시(生員會試)에 응시했다. 장원 급제하여 진사(進士)가 된다. 서른넷의 나이에 성균관 생원으로 활동을 시작했지만, 눈에 보이는 것이라고는 조금도 개선되지 않고 여전한 관료계의 부정부패밖에 없었다. 이에 신물을 느낀 매천은 관직을 버리고 다시 귀향한다. 관리의 길을 포기하고 재야학자의 삶을 선택한 것이다.

매천이 초야에 묻혀 학문을 닦고 있을 당시, 대한제국은 급격히 비극적인 상황으로 내몰렸다. 열강의 침략은 계속되었고, 당연히 국력은 서 있기도 힘들 정도로 약해졌다. 그러다 보니 대한제국은 자신의 운명을 스스로 결정할 수조차 없었고, 한반도 온 천지에 '독립'이라는 단어가 설 자리는 반 뼘만큼도 보이지 않았다. 우리나라를 서로 차지하려고 중국과 일본은 전쟁을 일으켰다. 일본은 전쟁에서 이겼고, 우리는 일본의 손아귀로 넘어갔다. 나라가 사라져버렸다. 매천은 "반드시 죽어야 할 의리는 없지만, 나라에서 선비를 500년이나 길러왔는데, 나라가 망한 처지에 이르러도 죽는 사람이 없다는 것은 견딜 수 없다"는 말을 자식에게 남기고 스스로 목숨을 끊는다.

『매천야록(梅泉野錄)』

그는 매천이라는 야인(野人)의 자격으로 쓴 비사, 『매천야록(梅泉野錄)』을 남겼다. 고종 1년(1864)부터 융희 4년(1910)까지의 47년을 담았다. 마지막 문장에서 비통함은 극에 이른다. "나라가 망했다. 전진사 황현, 약을 먹고 죽다(韓亡 前進士黃玹 仰藥死之)." 경술국치(庚戌國恥) 바로 그날이다. 그가 목숨을 끊기 전에 남긴 절명시(絶命詩) 한 편이 이 비참한 풍경과 겹친다.

새도 짐승도 슬피 울고, 산과 바다도 찡그리누나.

무궁화 피는 우리나라는 이미 망하고 말았다.

가을 등불 아래 읽던 책 덮고 지난날 돌아보니

세상에 글자 아는 사람 노릇 어렵기도 하구나.

(鳥獸哀鳴海岳嚬 槿花世界已沈淪 秋燈掩卷懷千古 難作人間識字人).

　이렇게 보면 매천은 글자(문자) 아는 사람, 즉 식자인(識字人) 노릇을 하느라 스스로 죽었다. 대체 글자(字)니 문자(文字)니 하는 것이 무엇이어서 매천은 그것을 아는 사람 노릇을 하느라 목숨까지 내놓았을까? 문자의 가치가 목숨에까지 올라가는 것이라면, 그것이 인간의 존재 의의와 붙어 있다는 말 아닌가. 문자를 잘 못 다루면 독립도 지키지 못하고, 문자를 아는 사람 역할을 제대로 하지 못하면 살아도 사는 것이 아니라는 뜻이 되기도 하겠다. 그럼 문자라는 것은 도대체 얼마나 높이 있다는 말인가.

　인간은 자연이라는 세계에 내려와 무형, 유형의 무엇인가를 만들고 제조하고 생산하여 변화를 야기한다. 무엇인가를 만들고 제조하고 생산하는 일을 '그린다(文)'라는 말로 포괄한다. 다시 정리하면, 인간은 가장 원초적인 의미에서 무엇인가를 그려서(文) 변화를 야기하는(化) 존재, 즉 문화(文化)적 존재다. 인간이 누리는 문명은 모두 제작하고 생산하는 문화적 활동의 결과다. 인간이 가장 근본적인 의미에서 문화적 존재라면 문화적 활동, 즉 무엇인가를 제작하고 생산하여 변화를 야기하는 일의 효율성이 생존 능력을 좌우한다. 어떤 의미에서 인간의 모든 활동은 이 문화력의 증진에 맞춰진다. 문화력의 증진이 바로 생존의 질과 양을 결정하기 때문이다. 당연히 문화력이 높은 나라는 앞서고, 문화력이 뒤처진 나라는 뒤따른다.

문화력에서는 '상징'하는 능력이 강한 힘을 발휘한다. 숫자를 예로 들어 보자. 숫자는 상징의 한 형태다. '2'를 보자. 구체적인 세계에 '2'라는 상징 기호에 해당하는 경우는 무한대로 많다. 무한대로 많은 그 경우들을 그냥 하나의 숫자 '2'로 모두 압축할 수 있다. 얼마나 편리한가. 숫자를 아는 사람은 무한대의 다양한 '2'의 모든 경우를 하나의 숫자로 압축하지만, 모르는 사람은 그 다양한 경우를 모두 형편에 따라 열거해야 한다. 이 편리함이 효율성을 보장한다.

더하기 빼기만 할 줄 아는 사람과 3차 방정식을 풀 줄 아는 사람이 있다. 둘 사이에는 상징의 높이가 다르다. 더하기 빼기의 높이보다 3차 방정식이 높다. 더 높으면 더 큰 통제력을 가진다. 더 큰 통제력을 가지면 더 큰 영향력을 행사할 수 있다. 상징성이 높으면 높을수록 통제력과 영향력은 더 커진다. 예술은 예능에 비해 더 추상화되었다. 당연히 예술의 높이가 예능의 높이보다 높다. 그래서 예능의 높이에 있는 사람보다는 예술의 높이에 있는 사람이 더 큰 힘을 갖는다. 기능은 기술보다 추상화의 정도가 낮다. 기능은 기술보다 힘이 약하고, 기술은 기능보다 강하다. 이처럼 문화력은 결국 능력 혹은 힘으로 나타난다. 중요한 것은 '숫자'를 구성하는 내용이 아니다. 숫자를 생산하고 사용하는 바로 그 높이다. 문자는 문화 활동의 정점이자 문화 활동을 가능하게 하는 가장 근본적이며 효율적인 장치다. 문자는 문화력의 시원(始原)이자 정점이다. 문자에서 중요한 것은 개별 문자가 함축하는 내용을 살피는 일이 아니라 문자가 생산되고 유통되는 높이에 도달하는 일이다. 문자나 숫자는 그것이 담고 있는 내용보다도 그것이 상징하는 '높이'의 맥락에서 살펴야 한다.

문화력이 생존 능력이나 높이를 결정한다. 여기서 사람이나 국가가 갈래진다. 누군가는 문화적 활동으로 변화를 야기하고, 누군가는 문화적 활동으로 야기된 변화를 수용한다. 변화를 야기한다는 말은 아직 열리지 않은 곳으로 이동한다는 뜻이다. 바로 창의적 활동이다. 문화적 활동이라면 당연히 창의적 활동을 동반할 수밖에 없다. 여기서 앞의 말을 달리 표현하면, 누군가는 창의력을 발휘해서 세상을 새롭게 여는데, 누군가는 창의적 결과를 받아들이기만 한다고 할 수 있다. 독립적인가, 종속적인가 하는 것은 여기서 결정된다. 자유와 부자유가 갈라지는 곳도 바로 여기다. 문자를 안다는 것은 문화적인 활동이 일어나는 정점의 높이에 있다는 것이고, 그것은 또 독립적이고 자유로우며 창의적이라는 말과 같다. 매천은 식자인(識字人)으로 살기 어렵다는 말로 자신과 조국이 자유롭고 독립적이기 어려운 상황에 처했음을 밝힌다. 그는 점점 독립과 자유를 상실하고 종속성의 나락으로 빠져가는 조국과 자신을 발견한 것이다. 이것이 특별한 높이에 도달했던 한 지성인으로 하여금 죽음으로 '자존'을 지키게 한 이유다. 매천은 문자를 기능적인 도구로 이해하여 어떻게 사용할 것인가를 논하는 일에 빠져 있던 학자가 아니다. 그는 문자가 인간 정신의 승화이자 문명의 정점에서 삶을 지배하는 것이라는 점을 철저히 인식한 매우 높은 자리에 선 사람이었다.

'개념화'

문자가 문화적인 높이에서 작동할 때 나오는 중요한 점은 개념 제조 능력, 즉 '개념화' 능력이다. 문자적인 높이에 있는 사람은 '개념화'를 하고, 그렇지 않은 사람들은 '개념화'의 결과인 '개념'을 수용한다. '개념화'는 인간이 세계를 전술적이 아니라 전략적으로 다루는 일이다. '개념화'는 바로 세계를 장악하는 일이다. 부연하면, 세계에 의미를 부여했다는 뜻이고, 그 개념을 매개로 새롭게 판을 짠다는 뜻이다. 그래서 개념을 제조하는 일은 창의적인 활동의 대표적인 한 유형이다. 이것은 자유롭고 독립적인 지위를 확보해 나가는 매우 진보적인 상황으로 설명할 수 있다. 이와 달리 '개념'을 수입한다는 말은 개념 제조자가 벌인 판 속으로 기어 들어가서 그 의도를 받아들인다는 뜻이다.

동아시아에서 근대화의 주도권은 일본에 있었다. 과학, 철학, 세포, 해부 등등 근대를 상징하는 거의 모든 개념이 일본에서 만들어진 것으로도 그 사실을 알 수 있다. '개념화'를 하면 앞서고, '개념화'의 결과인 '개념'을 수용하기만 하면 뒤따르게 된다. 이렇게 되면, 남이 이미 정해놓은 명제를 분석하는 데 열심인 자신을 마치 명제를 만든 사람과 동격인 것으로 착각하며 자신을 속이기도 한다. 그러면서 이미 있는 것을 따르고 분석하고 이해하는 것으로 활동의 대부분을 채우며, 이것으로도 충분히 만족한다. 이미 있는 것에 협조하거나 따라 하는 것만으로도 만족을 얻는 삶은 종속적인 삶의 전형적인 형태다.

우리는 지금 어디에 있는가? 우리는 우리의 문자 세계를 스스로 파괴하고 있다. 외부의 개념들을 따라 우리 삶을 꾸리는 것으로 만족해한다. 새로 지은 건물이나 아파트 이름은 죄다 외국 말이다. 외국에서도 일상적으로 쓰지 않는 라틴어로 짓기도 한다. 기본적인 소통도 안 되는 말들을 걸어놓고, 서로 바라보며 웃고 고개를 끄덕이는 일로 채워지는 삶이 어떻게 독립적일 수 있겠는가. 삶의 현장과 그 현장을 다루는 상징이 분리된 삶이라면 거기서는 어떤 문화적 생산성도 일어날 수 없다. 삶과 개념이 분리된 상황에서는 삶의 현장을 자신의 경험으로 구체화해낼 수 없기 때문이다. 대중가요에 영어 몇 소절은 반드시 들어간다. 가수들 이름도 외래어 일색이다. 일본의 '오타쿠'는 그대로 우리말로 '덕후'가 된다. 외부의 개념화 결과를 그대로 내면화한다. 독립적으로 소화해서 최소한의 이차적 개념화도 시도하지 않는다. 창의적 결과가 터져 나오지 않는 것, 시민 의식이 약한 것, 지식과 이론을 수용만 하고 생산하지 못하는 것 등등이 모두 '문자'를 대하는 이런 태도들과 따로 있지 않다. 매천은 문자를 아는 사람, 즉 식자인 노릇을 하지 못한다는 사실을 목숨과 바꿨다.

문자의 높이는 따라 하기를 넘어선다. 따라 하기로 여기까지 온 우리는 '식자인'의 품위를 회복해야 한다. 비록 거칠고 투박하더라도 '문자'적 독립의 길을 걷기 시작해야 한다. 이제는 '개념'이 아니라 '개념화'다. 자신의 문자와 자신의 언어로 자신의 세계를 전략화한다. 이것이 죽지 않고 사는 길이기 때문이다.

『장자』「추수(秋水)」편에 나오는 얘기다. 수릉(壽陵)에 사는 젊은이가 국경을 넘어 조(趙)나라의 서울 한단(邯鄲)으로 걸음걸이를 배우러 갔다. 그 시절엔 그곳의 걸음걸이가 세계적으로 유명했다. 그런데 그 젊은이는 한단의 걸음걸이를 제대로 배우지도 못하고 오히려 자기 자신의 고유한 걸음걸이마저 잊어버려 나중에는 기어서 돌아갈 수밖에 없었다. 따라 하기로 살면, 당당하게 서서 사는 사람들 속에서 자신은 정작 기는 삶을 살게 된다.

나비는 나비대로, 말은 말대로 자기 세상에서 산다, 60×60cm

영감이 피어나는 순간에

나는 고등학교 들어가서 1학년 때까지는 멀쩡했다. 그런데 2학년 올라가면서부터 공부를 안 하게 되었다. 학생은 공부만 열심히 하면 되는데, 나는 공부를 하는 대신에 공부하는 내 모습을 관찰하였다. '공부란 도대체 무엇인가?' '인간은 왜 공부를 할까?' '나는 왜 공부를 하지?' 그런 질문을 나 자신에게 던졌다. 자신이 감당할 수 없는 질문은 왕왕 질문한 자를 혼란에 빠트린다. 나는 공부에 대해서 궁금해하다가 공부를 못하게 되었다. 이런 생각을 하는 학생이 갈 곳은 철학과밖에 없었다. 공부를 못하게 된 이유를 좀 과하게 미화한 느낌도 든다. 사실은 그냥 게으름 때문이었을 수도 있다.

영감의 순간

플라톤, 노자, 아리스토텔레스를 공부하면서 그들을 공부하는 나는 누구이며, 철학이란 도대체 무엇이고, 인간은 왜 철학을 하는지가 그런 철학자들의 철학을 이해하는 것보다 더 궁금했다. 고등학교 때는 '공부란 무엇인가?'라는 문제를 고민하다가 공부를 못하고, 대학에서 철학을 공부할 때는 '왜 철학인가' '철학이 무엇인가'를 궁금해하다가 성적이 좋지 않게 되었다. 시간이 지나도 이런 문제가 머릿속을 떠나지 않았다. 학교의 정식 커리큘럼을 잘 따라가지도 못하면서 왜 우리는 철학을 하는가, 철학을 해서 인간은 어떻게 달라지는가 하는 점들이 궁금했고, 이런 점들은 '왜 사는가' '나는 누구인가'라는 질문과 섞여서 집요하게 나를 물고 늘어졌다. 그러다가 베이징대학교 철학과로 유학을 갔다. 이런 류의 궁금증들이 계속 떠나지 않던 어느 날 새벽, 잠이 들었다고 하기도 안 들었다고 하기도 모호한 순간, 한 번도 경험해본 적이 없던 어떤 신비한 느낌에 사로잡혀서는 마치 꽉 막혀 있던 기혈이 뚫리면서 몸과 정신이 질서를 찾고 순통(順通)해지는 것 같았다. 그러면서 갑자기 많은 것들이 내게 마구 알려졌다.

철학은 무엇인가?

인간에게 지식은 무엇인가?

문명은 어떻게 하다가 최종적으로 문자, 숫자, 음표로 구성되는가?

철학은 어디 있으며 수학, 물리학, 화학, 생물학, 경제학, 정치학, 법학은 어디 있는가?

문명의 구성과 학문의 위계질서가 알려졌다. 내가 지금까지 살면서 가장 행복한 느낌이 드는 순간이었다. 굉장히 짜릿했다. 학문의 위계질서, 왜 인간은 문자를 사용하는지, 왜 인간은 배우는지를 알게 된 그날 새벽, 지적인 환희라 할까, 그런 느낌으로 새벽에 일어나서 혼자 깡충깡충 뛰었다.

나는 영감(靈感)이란 단어가 의식의 변두리에 닿기만 해도, 그날 새벽이 가장 먼저 떠오른다. 그날 새벽의 그것이 내게는 영감이 아니었을까 추측한다. 영감은 신령스러운 느낌이다. 신령스러운 느낌은 무엇일까? 첫째, 해석이 안 된다. 다시 말하면 이해할 수 없는 것이다. 둘째, 아직 경험해보지 않은 것이다. 경험한 것은 신령스럽지 않다. 마지막으로는 자기가 세계를 해석할 때 사용하는 기존의 틀로는 해석이 안 되는 '어떤' 느낌이다. 한 번도 경험하지 못한 것이기에 해석할 수 없고, 해석되지 않기 때문에 이해할 수 없어서 설명할 수도 없는 것, 그것이 바로 영감이다. 그날 새벽의 영감으로 나는 일어나서 정신없이 뛸 정도로 큰 충격을 느꼈다. 그리고 행복했다. 그때 유일하게 얻은 영감으로 나는 아직까지 살고 있다.

그와 반대로 해석되는 것은 경험한 느낌이다. 해석됐다는 것은 시간적으로 과거의 일이다. '이해된다'는 것은 과거이고 '설명된다'는 것도 과거이다. 하지만 영감은 과거적인 것은 아니다. 미래적인 것이며 나를 어디론가 끌고 가는 힘이라고 할 수 있다.

뉴턴의 사과

영감은 예감과 비슷하다. 앞으로 펼쳐질 나의 세계를 미리 보는 느낌이며 앞으로 펼쳐질 나의 세계를 미리 출발시키는 시발점이다. 영감은 미래에서 미리 나에게 와준 느낌이기에 이미 있는 이해의 틀로는 다룰 수 없다. 신비롭다. 우리는 영감을 통해서 미래로 나아갈 수 있다. 영감을 경험하지 못하면 우리는 과거의 시간으로 살 수밖에 없다.

우리는 어떻게 영감을 맞이할 수 있을까? 모든 창의적 결과는 영감의 결과이다. 앞으로 펼쳐질 미래는 혹시 영감이 형체를 띠고 나타나는 것이 아닐까? 인류 문명은 창의적인 활동으로만 진화하기 때문이다. 진화는 창의의 중첩이다. 스마트폰도 창의의 집합이라 할 수 있다. 없던 것이 현실로 등장할 때는 아직 어떤 해석도 가해질 수 없다. 그것은 영감에 의존할 수밖에 없다. 창의성의 결과들이 모여 있는 것을 문명이라고 한다면, 영감이 구체적으로 표현된 것이 문명의 전부라고도 말할 수 있다.

창의적인 일이 일어나는 경우를 보자. 뉴턴이라는 이름을 듣자마자 떠오르는 이론이 만유인력과 중력이다. 뉴턴은 '만유인력'이라는 개념을 미리 정해놓고 만들어낸 것은 아니다. 뉴턴은 사과가 떨어지는 것을 보고 만유인력과 중력 이론의 아이디어를 얻었다는 이야기가 전해진다. 그런데 사과가 떨어지는 것을 뉴턴이 처음 봤을까? 다른 물리학자들도 사과가 떨어지는 것을 수없이 봤을 것이다. 하지만 뉴턴만 사과가 떨어지는 것을 보고 만유인력과 중력을 생각해냈다. 왜 하필 그 순간에 뉴턴은 만유인력을 생각했을까? 뉴턴은 무슨 법칙을 발견하려는 마음을 먹고 사과가 떨어지는 것을 본 사람이 아니다. 그렇다면 사과가 떨어지는 것을 보고 만유인력과 중력의 아이디어를 얻게 된 뉴턴의 근원적인 요인은 무엇이었을까?

모두 알듯이, 뉴턴은 늘 호기심이 강했다. 책상 위에 물병이 있다. 5초 전에 책상에 물병을 놨는데 1분이 지나도 물병이 그 자리에 그대로 있다. 왜 그럴까? 왜 어딘가에 있는 물건이 이동하지 않고 어제도 오늘도 그 자리에 그대로 있을까? 그러한 궁금증을 계속 가지고 있었기 때문에 사과가 떨어지는 것을 봐도 다른 사람과 전혀 다르게 볼 수 있었던 것이다. 사과가 떨어지는 것을 본 순간 뉴턴에게 영감이 떠올랐다. 그전에 자기가 세계를 해석하던 장치를 써서는 해석할 수 없었던 어떤 신비한 느낌이 떠오른 것이다. 뉴턴은 문제의식을 놓지 않고 집요하게 유지한 덕분에 영감이라는 선물을 받았다. 사과는 가장 짧은 거리로 떨어졌다. 뉴턴은 어떤 물건이 가장 짧은 거리로 떨어지려면 무엇인가를 끌어당기는 힘이 작용할 것이라는 가설에까지 인도되었다. 뉴턴의 집요한 궁금증으로 받은 선물인 영감은 궁금증이 약한 모든 사람들에게 만유인력과 중력이라는 지적 통찰을 다시 선물하였다.

뉴턴의 집요한 궁금증이 없었다면 만유인력을 발견할 수 없었을 것이다. 우리가 만유인력과 중력을 배운다고 할 때 보통은 뉴턴이 생산한 영감은 경험하지 못하고, 뉴턴이 발휘한 영감의 결과를 배운다. 삶의 진짜 보석은 영감의 결과를 배우는 것이 아니라 자기 스스로 영감을 경험해보는 것이다. 영감을 체험해보는 것, 이것이 핵심이다. 우리는 계속 공부를 하지만 영감의 결과를 숙지하는 일만 한다면 죽을 때까지 영감의 순간을 경험하지 못할 수도 있다. 우리가 잡아야 할 것은 만유인력과 중력이 나올 수밖에 없었던 바로 그 영감의 순간이다. 나는 영감의 순간을 경험하는 것이 인간으로서 해야 할 가장 궁극적인 일이라고 생각한다. 모든 자유와 행복 그리고 창의성은 거기서 비롯된다.

영감을 경험한 사람은 미래를 펼쳐 나갈 수 있다. 영감을 경험하지 않고, 영감을 경험한 사람이 남긴 결과만을 배운 사람은 미래로 나아가지 못하고, 그 결과에 갇히게 된다. 영감을 경험한 사람은 미래를 살고 경험하지 않은 사람은 과거를 살 수밖에 없다.

영감을 맞이하기 위해서

장자의 부인이 죽었다. 장자의 친구 혜시(惠施)가 조문을 갔다. 장자는 부인이 죽었는데도 질그릇을 두드리며 노래를 부르고 있었다. 그 모습을 보고 혜시가 말했다. "눈물을 흘리지 않는 것까지는 이해할 만한데, 어떻게 노래까지 할 수 있나?" 장자가 말했다. "나라고 해서 왜 슬프지 않겠는가? 그렇지만 근원을 따져 보니 아내는 죽은 것이 아니라 원래 모습으로 돌아간 거야. 내가 축복해주는 게 맞아." 보통 사람들은 아내가 죽으면 눈물을 흘리고 슬퍼하느라 정신이 없다. 아내가 죽으면 슬퍼해야 한다는 관념으로 일관하던 사람들은 누가 더 눈물을 많이 흘리느냐, 누가 더 슬퍼하느냐를 따진다. 다른 사람들이 이미 있는 틀에 빠져 있을 때 장자는 찰기시(察其始), 즉 근원을 들여다봤다. 이 말은 다른 사람들은 아내가 죽었을 때 슬퍼하던 방향대로 슬퍼했지만 장자는 슬퍼하는 방향대로 슬퍼하지 않고 방향을 틀어서 그 근원을 살펴봤다는 의미이다. 왜 그랬을까? 장자의 내면에 영감 한 덩어리가 떠오른 것이다. 그래서 새로운 행위를 할 수 있었다. 영감이란 익숙함, 습관, 정해진 생각의 방향을 그대로 따라가서는 맞이할 수 없다. 영감을 경험하기 위해서는 방향을 바꾸는 일이 일어나야 한다.

보통은 움직임이 없는 상태, 소리가 안 나는 상태, 말이 없는 상태를 '고요'라고 한다. 고요는 형식적이든 현상적이든 조용함, 그 자체이다. 고요는 어떤 행위도 일어나지 않는 상태이지만, 모든 행위를 가능하게 하는 근원이기도 하다. 정적(靜寂) 또한 아무 소리가 나지 않는 상태라는 점에서 고요와 비슷하지만, 고요는 인간의 삶 그리고 존재의 활동에서 단지 소리가 없는 상태를 가리키는 것이 아니라 한 방향으로 가는 행위가 역전하는 바로 그 찰나의 순간이다. 야구선수가 공을 치기 위해 방망이를 어깨 쪽으로 서서히 돌리며 올린다. 다 돌렸다고 느껴지는 그 순간에는 이제 공을 치러 내리며 휘둘러야 하는데, 배트는 올라가다가 방향을 바꿔 내려오는 과정을 겪는다. 올라가다가 내려올 때는 방향이 반대로 역전되는 순간이 생기는데, 바로 그 순간이 고요다. 이 고요의 순간은 사실 있다고도 할 수 없고 없다고도 할 수 없을 것이다. 운동의 모든 동작에는 고요의 순간이 발생하고, 이 고요의 순간에서 타격의 정확도나 질이 결정된다. 장자도 고요를 경험한 사람이었다.

영감은 매우 사적이고 비밀스럽다. 공개적이지 않고 다른 사람 몰래 나만 경험하는 것이다. 오직 나만 느낄 수 있다. 문명을 창의적 활동으로 정의한다면, 문명은 영감에 빚지고 있다. 영감은 개인적이기에, 문명의 진화는 '우리'가 아니라 바로 '내'가 담당한다. 그래서 세상의 주인은 '우리'가 아니라 '나'이다. 여기서 조금 더 나아가보면 우리나라를 새롭게 만드는 사명도 '우리 몫'이 아니라 '내 몫'이다. 모두가 나를 지키지 않고 우리로 모여 있으면 그 나라의 문명과 진화는 일어나기 어렵다. 내가 나로 등장하지 않는 사회에서 '나'는 쉽게 '우리' 속에 용해되어버린다. '나'들의 연합으로 '우리'가 구성되어야 사회가 건강하다. 정해진 '우리' 속으로 들어가서 '나'가 용해되어버리면 그 사회는 쉽게 이념화되거나 진영으로 나뉘어 분열하기 쉽다. 우리 사회가 진영으로 나뉘어 극심한 분열을 겪는 것도 '나'가 '나'로 존재하는 문화가 형성되어 있지 않기 때문이다. 창의와 영감이 없다면, 그 문명은 진화할 수 없다. 창의와 영감은 매우 사적이고 비밀스럽다. 따라서 우리를 탓하거나 우리에게 호소하는 것보다 차라리 독립적으로 성장한 내가 영감을 찾으려고 발버둥 쳐야 한다.

동학사상에 '인내천(人乃天)'이라는 개념이 있다. 이 개념은 '인간'이 하늘이라기보다는 '내'가 하늘이라는 뜻이어야 한다. 우주는 우리가 아닌 내가 책임자라는 의미이다. 책임성을 '나'가 아니라 '우리'에게 두는 한, 진화에 속도를 낼 수가 없다. 영감은 우주를 책임지는 존재인 '내'가 '우리'에서 이탈한 모험의 대가로 우주로부터 받은 선물이다.

영감이란 우리에서 이탈한 내가 경험하는 매우 신령스러운 느낌이다. 이것은 예감 같은 것으로, 이 예감을 그대로 밀고 나가 인간은 미래로 나아간다. 인간의 존재적 의미는 내가 이해하고 해석할 수 있는 곳에 머무르는 것이 아니라, 아직 알려지지 않은 곳으로 건너가야 한다는 것이다. 인간이 영감을 경험한다는 것은 아직 해석되지 않은 곳으로 나아가려는 강렬한 욕망, 아직 갖지 못한 것을 가져보려는 강한 욕망이 있다는 증거이다. 장자의 욕망은 소요유(逍遙遊), 즉 자유로운 인간으로 완성되고 싶은 것이었다. 그 욕망이 끊이지 않고 더욱 강해지며 계속되어서 영감을 맞이할 수 있었고, 결국에는 삶의 근원을 자세히 살필 수 있는 경지에까지 이르렀다.

인간은 펼쳐 나가는 존재이다. 하지만 모든 인간이 그렇지는 않다. 어떤 인간은 앞으로 펼쳐 나가려는 욕망을 끝까지 견지하고 어떤 인간은 중간에서 멈춘다. 중간에서 멈추는 사람은 지쳤기 때문이다. 욕망을 가진 인간은 지치지 않으며, 지치지 않는 인간은 결국 영감을 맞이한다. 또한 인간은 궁금해하는 존재이다. 사람을 그 사람으로 펼쳐 나가게 하는 힘은 욕망이고 궁금증이다. 사람은 모르는 곳에 집중한다. 그런 인간은 지치지 않는다. 모르는 곳에 관심을 표하지 않는 인간은 지친 인간이다. 이미 알고 있는 것에 더 관심이 가면 지친 인간이고, 모르는 것에 더 관심이 가면 지치지 않은 인간이다. 직접적으로 느껴지는 감각적 쾌락에 집중하면 지친 인간이다. 누군가가 알기 어려운 추상적이고 지적인 것을 더 궁금해한다면, 그는 아직 지치지 않았다.

지치지 않는 인간

심리학자 자이가르닉(Zeigarnik)은 단골 식당에서 식사할 때면 종업원이 여러 사람에게서 주문을 받는데도, 서빙을 할 때 거의 착오가 없다는 걸 알게 되었다. 그는 종업원에게 어떤 능력이 있기에 주문을 잊지 않고 정확하게 서빙하는지가 궁금했다. 그래서 일을 마치고 나온 종업원에게 물어봤다. "내가 무엇을 먹었는지 기억하나요?" 그런데 종업원은 기억하지 못했다. 다른 종업원에게 물어도 마찬가지였다. 인간은 완결된 것에는 더 이상 호기심을 가지지 않는다. 완결되지 않은 것에만 호기심을 가진다. 식당 종업원은 자신의 임무가 완결되기 전까지는 자신이 기억해야 할 주문을 전부 기억한다. 하지만 완결된 후에는 잊어버린다. 이 같은 관찰 결과를 자이가르닉은 하나의 이론으로 제시했다. 사람은 끝마치지 못했거나 완성하지 못한 일을 잊지 않고 머릿속에 간직하게 되는데 이것을 '자이가르닉 효과' '미완성의 효과'라 부른다. 이것을 가장 잘 이용한 예가 연속극이다. 연속극은 자이가르닉 효과를 가장 모범적으로 응용한 사례이다. 연속극은 이야기가 완결되지 않은 상태로 한 회를 끝낸다. 그래야 완성되지 않은 것에 집착하는 시청자를 묶어둘 수 있기 때문이다. 지치지 않은 인간이라면 아직 완결되지 않고 해석되지 않은 일에 더 관심이 간다.

창의적 활동, 완결되지 않은 것, 대오이탈, 가던 방향의 전환……. 이런 것들을 우리는 궁금해한다. 그런데 우리로 사는 데 집중하는 사람은 영감을 맞이할 기회가 없다. 이것이 영감의 비극이고 인생의 비극이다. 우리 또는 대오로부터 이탈해서 나에게 집중해야 한다. 궁극의 질문이 있다.

나는 누구인가?
나는 어떤 사람이 되고 싶은가?
나는 어떻게 살다 가고 싶은가?
나는 무엇을 원하는가?

이 질문에 집요하게 집중해야만 영감이란 선물을 받을 수 있다.

내 주변에 그림을 그리는 화가들이 있다. 그들이 그림을 열심히 안 그릴 때 내가 가끔 묻는다. "그림을 왜 안 그리지?" 그러면 화가

들이 대답한다. "영감이 떠올라야 그릴 수 있다"고. 무작정 영감을 기다리는 화가를 나는 믿지 않는다. 나는 영감을 기다리지 않고 무조건 죽어라 그리는 화가를 믿는다. 아직 보이지 않는 결과를 기대하며, 죽어라 그려야 영감이 생산된다. 영감은 해석되지 않고 이해되지 않는 신령스러운 느낌이기 때문에 어느 날 갑자기 알지 못하는 곳에서 선물처럼 온다. 그리고 영감은 다른 어느 곳에 갈 것이 나에게 우연히 온 것이 아니라, 결국에는 내가 영감을 만들고 생산하는 것이다.

영감을 기다리는 존재로 살다가는 영감을 경험하지 못하고 그냥 죽을 수도 있다! 영감을 기대하고, 영감을 경험하고 싶으면 부단히 미련스럽게 노력하며 살아야 한다. 그러면 그 부단함과 미련함에 감복해서 영감이 온다. 영감은 열심히 산 나한테 온 선물이다. 우리는 영감을 기다리는 존재가 아니라 영감을 생산하는 존재이다. 그렇다면 어떻게 하면 영감을 생산하고 맞이할 수 있을까? 원하는 것이 매우 분명하면 된다. 영감은 부단히 노력한 사람에게 오지만, 노력한다고 다 오지는 않는다. 강력하게 원하는 것이 있어야 한다. 그것이 없으면 영감은 없다. 성공도 없고 행복도 없다. 자신이 무엇을 원하는지를 아는 사람이 의외로 매우 적다는 것을 알고 깜짝 놀란 적이 있다. 그보다는 더 놀랍고 슬픈 일은 자신이 무엇을 원하는지를 자신에게 묻지도 않는다는 사실이다. 원하지 않은 사람에게는 아무것도 오지 않는다.

우리 삶은 철저히 인공적이고 인위적인 노력으로만 가능하다. 본능적이고 감각적으로는 완성될 수 없다. 감각과 본능을 이겨내는 인위적인 활동으로 인간은 완성된다. 인간은 태어나는 순간에만 자연적 존재이고, 그 나머지는 모두 인위적인 활동으로 살아야 하는 존재이다. 무엇인가 하는 존재라는 의미이다. 무엇인가 한다는 것은 감각과 본능을 이겨낸다는 말이다. 어떤 사람들은 행복이란 눕고 싶을 때 눕고, 자고 싶을 때 자고, 먹고 싶을 때 먹는 것이라고 한다. 이렇게 하면 동물과 큰 차이가 나지 않는다. 눕고 싶어도 눕지 않고, 먹고 싶어도 먹지 않으며, 자고 싶더라도 자지 않을 수 있는 데에서 인간성이 드러난다. 눕고 싶거나, 자고 싶거나, 먹고 싶은 감각적 본능을 이겨내는 게 인간이다. 이러한 인간의 인위적인 활동을 노력이라고 하는데, 그것이 가능한 방법은 하나밖에 없다. 무언가를 강력하게 원해야 한다. 그래서 "너는 누구인가?"라는 말을 "너는 무엇을 원하는가?"로 바꿔도 괜찮다.

왜 사는 것이 따분한가?
왜 의욕이 안 생기는가?
왜 쉽게 지치는가?
왜 공부가 손에 안 잡히는가?
왜 우울해지는가?

이 문제를 해결하기 위해서는 먼저 자신한테 물어봐야 한다.

나는 무엇을 원하는가?

나는 어떤 사람이 되고 싶은가?

인간이 지치지 않고 마음껏 펼쳐 나갈 힘을 주는 것이 영감이다. 영감은 무엇인가를 강하게 원하고 부단히 노력하는 자에게 오는 선물이다.

모르는 곳으로 넘어가려고
발버둥 치면서

인간이 삶을 꾸리는 세계는 '문명'과 '자연'이라는 두 개의 무대로 구성되어 있다. '자연'은 인간의 의지와 상관없이 내장된 스스로의 법칙을 따르는 저절로(自) 그러한(然) 세계고, 문명은 인간이 그려 넣은(文) 세계다. 인간이 그린 세계를 문명이라고 할 때, 그것을 좀 더 구체적으로 말하면 인간이 의도를 개입시켜 제조한 세계라고 할 수 있다. 문명을 제조하는 의도를 의지나 의욕, 욕망 혹은 영혼 등등으로 다양하게 말할 수도 있겠지만, 통괄하여 일단 '생각'이라고 하자. 그래서 각자 누리는 문명의 수준이나 내용은 각자 가지고 있는 생각에 좌우된다. 나는 이것을 『탁월한 사유의 시선』이라는 책에서 "시선의 높이가 삶의 높이다"라고 표현하였다. 당연히 앞선 문명은 앞선 생각이 만들고, 뒤따라가는 문명은 생각이 뒤따라간 결과다.

먼저 생각하여 문명의 새 길을 내는 일이 창조이고, 창조의 의지가 발휘되는 일이 바로 창의다. 창의를 통해서 새로운 길을 열어 흐름을 만들면, 그것을 '선진'이라고도 하고 '일류'라고도 하며 선도력을 가졌다고도 한다. 이미 있는 길을 가는 것이 아니라, 없는 길을 열어서 새로운 흐름을 만들었다는 뜻이다. 그리하여 창의는 결국 삶의 영토를 확장하는 일이다. 따라서 창의적인 인간은 영토를 확장하는 역할을 하기 때문에 언제나 높은 자리에 오른다.

시선

의식은 들쑥날쑥하고 들락날락한다. 무엇을 만들거나 개척하려면, 그 들쑥날쑥하고 들락날락하는 것이 일정한 높이에서 초점을 맞춰 작동해야 한다. 높이와 초점을 맞춘 의식을 생각이라고 하지 않겠는가? 왜 생각이 중요한가? 사람은 자신이 가진 생각의 높이 이상을 살 수 없기 때문이다. 생각이 일정한 높이에서 작동할 때 그것을 또 시선이라고 부른다. 어떤 기관이나 국가도 마찬가지다. 시선은 삶과 사회의 전체 수준을 결정한다. 시선의 높이가 삶의 높이다. 그래서 보통 일컫는 발전이나 진보라는 것도 사실은 시선의 상승이다. 여기 있던 이 시선이 한 단계 더 높이 저 시선으로 상승하는 것이 바로 발전이다. 그런데, 이 발전을 경험하기 위해서는 우선 자기를 지배하는 정해진 생각의 틀을 벗어나려는 도전이 감행되어야 한다. 익숙함과의 결별이다.

『장자』의 「소요유」편에 나오는 이야기다. 혜자(惠子)가 위(魏)나라 왕으로부터 큰 박이 열리는 박의 씨앗을 선물로 받아 뒤뜰에 심었다. 아니나 다를까 싹이 자라나 엄청나게 큰 박이 열렸다. 그런데 크기가 너무 커서 물을 담자니 무거워서 들 수가 없을 지경이고, 쪼개서 바가지로 쓰자 해도 납작하고 얕아서 아무것도 담을 수가 없었다. 위나라 왕이 말한 대로 박이 크기는 컸지만 아무 쓸모가 없어서 깨버리고 말았다. 혜자의 말을 다 듣고 나서 장자가 말했다.

그렇게 큰 박이 열렸다면 어째서 그 속을 파내 큰 배로 만들어 강이나 호수에 띄워놓고 즐기려 하지 않고, 납작하여 아무것도 담을 수 없다는 걱정만 하셨소? 선생은 생각이 꼭 쑥대 대롱에 난 작은 구멍만큼이나 좁디좁군요.

누구나 익숙한 생각에 쉽게 갇힌다. 혜자가 그랬던 것처럼 '박'이라는 말을 듣자마자 물을 담아 다니거나 쪼개서 바가지로 쓰는 일을 먼저 떠올리고, 그 생각에 '박'의 용처를 제한해버린다. 그러면 '박'은 물을 담고 뜨는 기능에만 갇혀 그 이상의 다른 것을 하기 어렵다. 갇힌 생각은 이처럼 갇힌 세계를 만든다. 세계를 일정한 틀로 가두어버린다. 이미 있는 익숙한 생각을 가지고 살면서 우리는 부단히 새로운 환경을 접한다. 인간은 새로운 세계를 맞닥뜨렸을 때 적절한 대응 방안을 찾느냐, 찾지 못하느냐로 성패가 결정된다. 이미 가지고 있는 생각으로 새로운 세계를 관리하려고 하는 일은 보통 누구나 하는 일이다. 새로운 영토를 확장하는 역할은 새로운 세계를 맞닥뜨렸을 때 새 적응 방법을 찾아내야만 비로소 가능해진다. 이 이야기에서 예상 밖으로 '큰 박'은 이전에 대면한 적이 없던 새로 맞닥뜨린 세계다. 기존의 생각에 갇혀 있었던 혜자는 이 '큰 박'으로 상징되는 새로운 세계에 대한 적응력을 갖지 못했다. 그래서 새로운 세계가 혜자에게는 '없는 세계'가 되었다. 박을 깨서 새로운 세계 자체를 부정해버린 것이다.

장자는 새로운 세계에 맞는 새 적응 방법을 만들어냈다. 창의가 일어난 것이다. 이제까지 세계에 존재한 적이 없는 '박 배'가 탄생하였다. 바로 창조다. 이런 창조가 일어날 수 있었던 이유는 바로 장자가 '박'에 대한 기존의 관념을 가지고 있으면서도 거기에 매몰되지 않았기 때문이 아닐까? 이런 일은 기존의 관념이 주는 무게감을 이겨낼 수 있는 단련된 자아를 갖지 않은 사람에게는 일어나지 않는다. 자아가 이념과 관념의 지배를 받는 것이 아니라, 오히려 그것들을 자유자재로 가지고 놀 수 있을 정도로 고도로 단련된 상태, 사실은 이것이 모든 창의적 활동의 핵심이다.

창의

창의는 익숙함이 부과하는 무게를 이겨내고 모르는 곳으로 과감하게 넘어가는 일이다. 모르는 곳으로 넘어가는 일에 '과감'이라는 단어를 붙인 이유가 있다. '모르는 곳'으로 넘어가는 일은 일종의 모험이자 탐험이기 때문이다. 아직 알려지지 않은 '모르는 곳'은 명료하게 해석될 수 없는 까닭에 항상 이상하고 불안한 곳이다. 위험한 곳이기도 하다. 위험한 곳으로 넘어가는 탐험과 모험이 시작되기 위해서는 언제나 '과감'한 결단이 필요하다. 모든 창의가 아직 알려지지 않은 곳으로 넘어가는 일이라면, 그것은 철저한 탐험의 결과다. 장자의 '박 배'도 장자가 가지고 있었던 지식이 아니라, 그의 탐험 정신이 만들어냈다. 그 탐험 정신은 장자를 여기서 저기로 성큼 건너가게 했다.

　탐험 정신이 살아 있는 문명은 강하다. 새로운 이론이나 지식이 생산되기 때문이다. 이것이 왜 문명을 강하게 만드는가? 문명은 생각이 만든다. 생각이 문명을 통제한다는 뜻이다. 인간은 문명을 확장하고 통제하는 매우 효율적인 생각의 얼개를 만들어내는데, 그것이 바로 지식이자 이론이다. 앎의 체계인 것이다. 당연히 지식이나 이론을 생산하는 문명은 통제력이 클 수밖에 없고, 통제력이 큰 문명은 강할 수밖에 없다. 반면에 지식이나 이론을 수입하는 문명은 종속적이기 때문에 주도권이 없어 강한 면모를 보이기 어렵다. 우리가 무엇인가를 안다고 할 때, 보통은 어떤 것에 대하여 지적으로 이해한다는 것을 말한다. 하지만 이것은 앎을 매우 좁게 이해하는 것이다. 앎이 문명을 통제하고 확장하는 이론을 생산하는 기초인데, 앎을 이렇게 제한적으로 이해하는 사회에서는 이론의 생산이 거의 불가능하다. 이론의 생산까지 보장할 수 있는 앎은 어떤 것에 대해 지적으로 이해하는 데서 머물지 않고, 반드시 이미 알고 있는 것을

바탕으로 하여 모르는 곳으로 넘어가려고 발버둥 치고 몸부림 쳐야
한다.

앞에서 말한 대로 인간이 사는 무대는 '문명'과 '자연'으로 되어
있다. 문명은 인간이 만들고, 자연은 저절로 그러하다. 그래서 인간
은 이 두 세계에 대해서 제대로 알면 지적으로 완벽해진다. 자연은
내장된 자연 그대로의 원리에 따라 움직이므로 인간은 그것을 이해
하고 거기에 맞추면 되지만, 문명 세계는 인간이 계속 만들어나간
다. 어쩔 수 없이 아직 알려지지 않은 곳 혹은 아직 모르는 곳을 열
며 나아간다. 이것을 장자는 「대종사(大宗師)」편 첫머리에서 이렇게
말한다.

인간의 일을 아는 사람은 아는 것을 가지고 모르는 곳을 기른다
(知人之所爲者 以其知之所知 以養其知之所不知).

장자에 따르면, 아는 것을 바탕으로 하여 모르는 곳으로 넘어가
려고 하는 발버둥이 문명을 전개하는 토대이다. 이렇게 되면, 지적
인 최고 단계는 엉뚱하게도 지식의 영역을 벗어나서 '태도'의 문제
가 되어버린다. 확장성을 포기한 앎은 이론의 구축이나 생산까지는
엄두를 낼 수도 없다. 이론의 생산이 이루어지지 않는 사회에서 진
보적인 선진 문명을 꿈꿀 수는 없다. 앎의 진보는 모르는 곳으로 넘
어가려는 바로 그 '발버둥'이나 '몸부림'에 있기 때문이다. '발버둥'

이나 '몸부림'은 지적인 영역 밖의 것으로서, 차라리 그것을 인격적인 활동이나 '태도'나 기질'이라고 말해야 할 것이다. 어느 한 문명을 다른 문명과 비교했을 때, 압도적인 과학기술 문명을 가졌다는 것은 그런 과학기술을 구체화할 수 있는 상위의 지식과 이론을 가졌다는 것을 의미한다. 그런데 상위의 지식과 이론을 가졌다면, 분명히 그들은 지적인 '발버둥'이나 '몸부림'을 훨씬 더 강하게 발휘하였을 것이다. 더 탐험적이었고 더 모험적이었을 것이다. '발버둥' '몸부림' '탐험' '모험'이 없이는 새롭고도 높은 지식과 이론을 생산하는 일은 불가능하다.

생각, 지식, 이론은 문명을 확장하고 통제하는 가장 효율적인 무기다. 그것들이 세계를 새롭게 열며 앞으로 나아가게 하기 때문이다. 세계를 새롭게 열 때, 인간이 발휘하는 능력을 '창의'라고 하였다. 이렇게 본다면, '창의'는 인간의 능력 가운데 고도의 어떤 것이 분명하다. 절대 평범한 것은 아니다. 그래서 더 나은 삶을 도모하는 곳에서는 어디서나 모두들 창의력을 발휘하자고 서로 독려하는 것이 아니겠는가. 하지만 애석하게도 창의력이 나타나는 일은 쉽지 않다. 왜 그런가? 발휘하기가 어렵기 때문이다. 혜자로 살기는 쉬워도 장자로 살기는 어려운 이유다. 보통은 창의력을 발휘한다고 하는데, 이는 틀린 말이다. 창의력을 기능적으로 발휘할 수 있는 것이라면, 그냥 해버리면 될 것이다. 그러나 누구나 알듯이 창의력은 발휘하려 한다고 해서 쉽게 되는 일이 아니다. 창의력은 '발휘하는 것'이 아니라 '발휘되는 것'이기 때문이다. 내적으로 단련된 어떤 사람의 내면에서 튀어나오는 것이지 해보려고 마음먹는다고 할 수 있는 것이 아니다. 창의력이 튀어나올 수 있는 내면이 준비되어 있지 않으면 그것은 이 세상에 나타나지 않는다. 이렇게 하여 창의력은 기능적인 범위를 넘어서 인격적인 문제로 바뀌어버린다. 결국 사람의 문제다.

지적인 상승과 확장은 아는 것을 바탕으로 하여 모르는 곳으로 넘어가려고 발버둥 치는 일에서 이루어진다는 뜻을 장자가 피력하고 난 후, 바로 이어서 한 말은 그래서 더욱 울림이 크다.

참된 사람이 있고 나서야 참된 지식이 있다(有眞人而後有眞知).

'사람'은 근본적으로 이론이나 지식이나 관념이나 이념의 수행자로 제한될 수 없다. 그것들의 생산자이거나 지배자일 때만 더 '사람'이다. 그래서 '사람'을 채우는 진실은 차라리 '모르는 곳'으로 덤벼드는 무모함에 있다. 탐험이고 모험이고 발버둥이고 몸부림이다. 이것을 통괄하여 우리는 '용기'라고 말한다. 그래서 문명은 사람이 의도적으로 발휘하는 용기의 소산일 뿐이다.

우주를 겨드랑이에 낀 채로

누구도 부정할 수 없는 말들만 모아본다. 상식인데 상식처럼 들리지 않을 수도 있다. 모든 것은 있다가 없어진다. 빛도 사라진다. 지구도 언젠가는 사라진다. 바다도 다른 것들이 흘러 들어가 채워지며 썩다가 언젠가는 육지로 변할 것이다. 바다도 사라지는 것이다. 네안데르탈인이 사라졌듯이 호모사피엔스도 사라진다.

지금 우리가 인간이라고 부르는 유형의 동물이 언젠가는 멸종된다는 말이다. 사람은 누구나 죽는다. 나도 죽는다. 길어야 100년 안팎으로 살다 죽는다. 장례식에 가서 10분 이상 진심으로 슬퍼해줄 사람은 절대 10명을 크게 넘지 않을 것이다. 장례식에 간 사람들은 대부분 예를 올리는 1~2분 정도만 지나면 둘러앉아 자신들의 잡다한 일상 얘기를 나누다 간다. 타자의 죽음은 절대 자신의 경험 안으로 들어오지 못한다. 자기 죽음마저도 자신의 경험이 아니다. 죽는 순간을 경험할 수는 없다. 모든 사람은 잊혀진다. 나도 잊혀진다. 모든 관계도 잊혀진다. 모든 것이 있다가 없어지듯이, 모든 관계에도 끝이 있다. 아무리 부자라도 빈손으로 죽는다. 남겨놓고 가는 돈이 어찌 될지 그는 모른다. 어떤 권력자도 혼자 죽는다. 어떤 학자도 빈 머리로 죽는다. 아무리 아름다운 미모도 성형으로 버틸 수 있는 한계가 있다. 결국 쭈글쭈글해지는 시간을 맞고, 흙색으로 변하다가 일그러지며 죽는다. 영생이라 해도 언젠가는 사라질 지구의 시간 안에서 영생일 뿐이다. 누구나 태어나서 늙고 병들고 죽는다. 모든 명예는 한순간이다. 모든 권력도 한순간이다. 모든 부도 한순간이다. 순간? 순간도 되지 않는다. 순간이라는 말도 아까울 정도로 순간이다. 허무하지 않은 것은 하나도 없다. 허무라는 말이 아까울 정도로 다 허무하다.

사라진다

칼 세이건의 〈창백한 푸른 점(The Pale Blue Dot)〉이라는 동영상을 본 적이 있다. 지구라는 별이 우주에서 얼마나 작은가를 실감할 수 있는 영상이다. 지구도 겨자씨보다 작은데, 그 안에서 지나가는 시간이며, 공간이며, 생로병사며, 명예며, 치욕이며 하는 것들은 얼마나 또 사소한가. 전라도는 뭐고 경상도는 또 뭔가. 좌파는 뭐고 우파는 또 뭔가. 진보는 뭐고 보수는 또 뭔가. 백인은 뭐고 흑인은 또 뭔

가. 철학자면 어떻고 뱃사공이면 또 어떤가. 철학자도 죽고 뱃사공도 죽는 마당에 득도는 뭐고 득도하지 못하는 것은 또 뭔가. 허무하고 허무한 존재들이 허무하고 허무한 짓들을 허무한 줄도 모르고 싸지르다가 속절없이 사라진다.

순간만 살다 죽을 것을 우리는 왜 굳이 애쓰며 사는가. 다 사라질 것을 우리는 왜 잡는가. 결국 다 털고 갈 것을 왜 굳이 배우는가. 허무한 줄 알면서 왜 사는가. 우리의 존재 조건이 허무함이라는 것은 당연하다. 그렇다면, 산다는 것은 허무와의 투쟁이 아닐까? 허무에 지지 않기 위해서. 허무에 지면 왜 안 되는가. 여기서부터는 질문이 불가능하다. 존재의 가장 궁극적 상태이기 때문에 질문도 거기서부터만 출발할 수 있다. 허무하기 때문에 사는 것이라고 말할 수밖에 없다. 우리는 허무를 관찰하고, 허무와 투쟁한다. 허무와 투쟁하면서 나는 나로 살아 있다는 사실이 나에게 확인된다. 자신을 허무에 맡기는 것이 아니라 허무를 관찰하고 투쟁하도록 하는 토대가 허무인 것은 참 모순적이다. 삶을 죽음과 연결해 죽음 쪽에서 삶을 보면 삶이 더 또렷하게 드러나고 충실해지는 것과 같은 이치다. 삶은 자신의 존재 형식인 허무와 스스로 전선을 형성하면서 허무이면서도 허무가 아닌 것으로 재탄생시킨다. 자기가 존재한다는 사실을 스스로 확인하는 자는 그 순간에 영원을 함께 경험한다. 자기 존재의 자각, '순간'과 '영원'이 교차하는 성스러운 자리다.

허무의 기반에 사는 인간

『장자』라는 책의 첫 페이지에는 아주 미세한 곤(鯤)이라는 물고기가 천지라고 하는 우주의 바다에서 몇천 리나 되는 크기로 자란 다음에 바다가 회오리바람을 따라 요동치며 솟구치자, 그 기세를 타고 하늘로 따라 올라 온 세상에 그림자를 드리울 정도로 거대한 붕(鵬)이라는 새로 변환하여 새로운 존재로 태어난다는 매우 역동적인 얘기가 나온다. 장자의 이런 역동적이고 낙관적인 삶의 자세는 어떤 통찰을 기반으로 하고 있을까를 탐구하면, 그 책 안에서 우리는 매우 비극적이고 허무한 한 문장을 만나게 된다.

> 사람이 하늘과 땅 사이에서 한평생을 산다는 것은 책받침 두께 정도의 얇은 틈새를 천리마가 휙 지나가는 것과 같다. 홀연할 따름이다(人生天地之間 若白駒之過隙 忽然而已,『장자』「지북유(知北遊)」).

인생이 매우 짧다는 것을 알고 나서 극단적인 허무에 도달한 한 인격을 보여준다. 그런데 이토록 극단적인 허무에 도달한 사람이 또 무한 변화를 우주적 크기로 완수하는 역동성을 보여주기도 한다. 허무와 무한 확장은 이렇게 하나로 연결된다. 허무와 무한 확장을 연결하는 것은 하나의 독특한 능력이 아니라 허무라는 기반 위에서 사는 인간이라면 반드시 가져야 하는 존재적 명령이자 사명이다. 허무하기 때문이다.

허무는 주관적 가치 평가가 아니라 우주의 진실한 모습이다. 가치(value)가 아니라 사실(fact)이다. 어떤 의미인가는 아무 상관없다. 우주는 원래 허무하다. 허무하게 생긴 우주의 존재 형식을 노자나 장자는 '도(道)'라고 불렀다. 이런 도의 이치를 온전히 깨닫고, 그 이치를 자기화해서 구현할 능력까지 겸비하면, '득도(得道)'했다고 말한다. 우주적 삶을 살 수 있는 단계에 도달한 것이다. 이런 단계에 오른 자가 걸리는 것 하나 없이 일을 잘 수행한다면, '도통(道通)'했다고 한다. 그렇다면, 인간의 궁극적 사명은 득도하는 데에 있다고 말하지 않을 수 없다.

득도한 자는 세상과 우주의 이치(理)에 밝아서 그때그때 상황을 잘 살펴, (즉 도통하여) 매우 적절하게 행동(權)하기 때문에 해를 당하지 않는다(『장자』「추수」).

이 적절한 행동 하나하나가 쌓이고 쌓여서 우주적 차원의 성취를 이루는 것이다. 곤(鯤)으로 태어나 대붕(大鵬)처럼 살게 된다는 말이다.

누군들 우주적 차원의 삶을 살기 원하지 않겠는가. 하지만, 우리는 득도의 경지가 매우 특별한 극소수에게만 가능한 것으로 알려져서 지레 포기하고 꿈도 꾸지 않기 십상이다. 그렇더라도 득도가 인간의 사명이라면, 이는 특별한 소수에게만 허락된 것일 수 없다. 모든 사람에게 가능해야 하고, 누구나 도전할 수 있어야 한다. 우주 질서에 맞는 적절한 행동 하나하나를 쌓는다면, 우주적 성취를 해내는 단계까지 도달한다고 하니, 일상의 작은 행동도 도통의 길일 수 있다. 우리가 얻어야(得) 하는 도(道)는 어떻게 생겼을까? 전적 (典籍)들에 등장하는 도의 가장 전형적인 특징은 움직임이나 모습이 감각적 수단으로는 포착할 수 없다는 것이다. "무위무형(無爲無形)!" 보이지도 않고 만져지지 않는다. 허무를 나타내는 충실한 표현들은 없거나 없어진다는 내용을 포함한다. 없어지기 때문에 허무하고, 없거나 없을 정도로 사소하기 때문에 허무하다. '도'는 허무 그 자체다. 보이지도 않고 만질 수도 없다.

우주적 삶

보이지 않는 것이 보이는 것보다 세다. 만져지지 않는 것이 만져지는 것보다 세다. '도'는 보이지도 않고 만져지지도 않는 것 가운데서 가장 높은 곳에 있다. 그래서 가장 보이지 않는 것이고, 가장 만져지지 않는 것이다. 가장 높아서 가장 세다. 그래서 이 세상 어떤 것도 '도'의 지배를 벗어날 수 없다. 그렇다면 일상에서 수행할 수 있는 득도의 길은, 보이고 만져지는 것에 가까운 것과 보이지 않고 만져지지 않는 것 가운데서 선택해야 한다면, 보이지도 않고 만져지지도 않는 영역에 가까운 것을 선택하면 된다. '도'에 가까운 쪽을 선택하면 된다는 뜻이다.

어떤 학생이 약간의 부정행위만 하면 점수를 잘 받을 수 있는 상황에 처해 있다고 치자. 이 학생은 점수와 정직 가운데 하나를 선택해야 하는 매우 곤혹스러운 기로에 있다. 점수는 정직보다 더 구체적이고, 정직은 점수보다 더 추상적이다. 이 상황에서 득도의 길로 나아가려는 의지가 있다면, 반드시 높은 성적의 유혹을 이겨내고 정직을 선택하면 된다. 어떤 정치인이 당선과 진실한 봉사 사이에서 선택을 해야 하는 상황에 처할 수 있다. 당선은 진실한 봉사보다 구체적이고, 진실한 봉사는 당선보다 추상적이다. 이때도 당선을 선택하면 도에서 멀어지고, 진실을 선택하면 도에 가까워진다. 모순적인 상황에서 '도'에서 먼 쪽이 보내는 유혹을 이겨내고, 가까운 쪽을 선택할 때는 항상 용기가 필요하다. 이 용기를 발휘하여 '도'에 가까운 쪽을 선택하는 승리를 한번 경험하면 우리는 점점 우주적 삶의 경지로 이동한다. 결국 우주적 삶은 모순적 상황에 처한 매우 미미하고 고독한 주체가 용기를 발휘하는 그 찰나적 순간에서만 피어난다. 이 용기가 '여기' 멈춰 있는 나를 '저기'로 건너가게 한다. 이것이 깨달음이다.

메디치 가문에 대한 지식을 쌓고 쌓다가 갑자기 어느 순간에 '그렇다면 나는?'이라는 각성을 해서 자기가 서 있는 바로 그곳에서 비록 작은 일이라도 메디치 가문 같은 역할을 한번 시도해보는 것, 이것이 바로 용기다. 그럴 때 기존의 자기는 여지없이 깨지고 알지 못했던 곳으로 건너간다. 여기 있는 자기를 아직 알려지지 않은 저곳으로 이동시키는 것이다. 이것이 작은 승리이며, 우주적 삶이 시작되는 순간이다. 이것이 깨달음이다. 미미한 자신에게 '그렇다면 나

는?'이라는 질문을 계속해대면서 일상에서 작은 승리를 경험하게
하는 일이 바로 우주적 삶이다. 자신이 자신에게 경험케 하는 작은
승리 안에서 순간과 '영원'이 교차하고 허무와 득도가 한 몸이 된
다. 작은 승리가 일어나는 잡다한 일상 안에서 우주가 펼쳐진다.

제3부

신의 있는 사람

참된 사람이 있고 나서야 참된 지식이 있다.
(有眞人而後有眞知)

연꽃 속 묘한 긴장, 80×60cm

지적인 사람

수준이 가장 높은 사람은 하늘이 하는 일을 알면서, 인간이 하는
일을 아는 사람이다(知天之所爲 知人之所爲者 至矣).

철학자 장자는 보통을 훨씬 넘어선 그의 시각을 기록으로 남겼
다. 『장자』「대종사」편 첫머리에 등장하는 말이다.

장자가 지금부터 2000년도 훨씬 전에 이렇게 가장 높은 곳에서
인간사를 개괄했다는 것이 놀라울 따름이다. 인간은 자연과 문명이
라는 두 세계를 겹쳐 놓은 무대에서 산다. 자연은 인간이 없을 때부
터 존재했으며, 사실상 인간과 상관이 없던 세계다. 문명은 오롯이
인간이 건설한 세계다. 인간은 이 두 세계 외에 다른 세계를 가지지
않는다. 그러므로 한 사람이 이 두 세계를 가장 높은 차원에서 알게

된다면, 그는 지적으로 가장 탁월한 능력자다. 설령 가장 탁월하지는 못할지라도 인간으로서 이 두 세계에 대하여 균형 잡힌 이해를 하고 있으면, 어느 정도는 높은 단계의 능력을 발휘할 수 있다. 그러나 이 두 세계를 다 아는 것은 매우 버거운 일이다.

그래서 한쪽이라도 제대로 아는 것에서 출발하자고 제도적으로 합의한 결과, 고등학교 2학년 올라갈 때 영역을 구분한다. 즉 문과와 이과를 선택하여 우선 한쪽을 집중적으로 공부하는 것이다. 그런데 우리나라 사람들에게 문과와 이과를 어떤 기준으로 선택했느냐고 물으면 가장 많은 답으로 '수학 I'를 든다. '수학 I'까지는 어떻게 해보겠는데, '수학 II'는 자신이 없을 때 문과를 택한다는 것이다. 결국 '수학 II'가 부담이 안 되는 사람이 이과를 간다. 그러나 문/이과를 선택하는 데에 이보다 더 깊은 의미와 이유가 있을 것이다. 문과에 가서 배우는 학문을 보자. 철학, 사학, 문학, 정치, 경제, 법률, 신문방송학 등등이다. 이과로 진학한 다음에는 주로 생물학, 물리학, 지구과학, 천문학, 수학, 화학 등등을 배운다. 이렇게 나눠놓고 보면, 두 영역을 가르는 기준이 희미하게 드러난다. 이렇게 물어보자. 이 지구상에서 어떤 연유인지는 모르나 인간이 갑자기 한 명도 남김없이 모두 사라져버렸다. 그렇다면 문과에서 배우는 학문 분야가 여전히 남아 있을까? 아니면 인간과 함께 사라지는가? 당연히 함께 사라져버린다. 똑같은 질문을 이과 학문 대상들에도 할 수 있다. 인간이 모두 사라져도 이과에서 배우는 학문 대상은 여전히 존재한다. 이렇게 본다면 우리가 문/이과를 선택할 때, 인간이 사라져도 여전히 남아 있는 것에 관심이 있으면 이과를 가고, 인간이 사라질 때 함께 사라져버리는 것에 관심이 있으면 문과를 가는 것이라고 할 수 있다. 인간이 개입했느냐 개입하지 않았느냐가 관건이다.

세계를 통괄하는 능력을 가진 인간형을 추구한다면 문과와 이과를 나누는 것보다는 당연히 문/이과를 함께 다루는 교육 제도를 가져야 할 것이다. 세계는 문(文)과 이(理)의 두 영역으로 되어 있고, 이 두 영역은 인간의 실존적 전체 공간이기 때문이다. '자연이 하는 일과 인간이 하는 일을 다 알면 가장 높다'는 장자의 통찰은 얼마나 정확한가. 이제 자연 세계와 인간세계를 모두 이해한 가장 지적인 인격이 태어났다.

천수를 누리고 중도에 요절하지 않는 사람

자연 세계와 문명 세계의 이치를 모두 아는 사람은 얼마나 위대할까? 그 정도의 사람이 하는 일은 또 얼마나 거창할까? '하늘이 하는 일과 인간이 하는 일을 모두 아는' 비범한 높이의 인격을 창조한 장자는 이런 높이의 사람이 가지는 구체적인 효과를 다음처럼 말한다. "천수를 누리고 중도에 요절하지 않는다. 이것이 지적으로 최고의 단계다(終其天年 而不中道夭者 是知之盛也)." 지적으로 최고의 단계에 이른 사람이라면 무언가 초월적이고 추상적이고 월등한 무엇을 할 수 있는 능력을 보여줄 것이라고 생각했던 사람들은 거의 아연실색할 지경이다. 그렇게도 높은 단계의 지적인 완성으로 누릴 수 있는 것이 고작 요절하지 않는 것이라니……! 뭔가 갑자기 촌스러운 골목 모퉁이를 도는 착각이 들 정도다. 최소한 자유나 행복이나 정의나 완벽함이나 성스러움 등이 나올 줄 알았는데, 고작 천수를 누리는 정도라니, 이해가 가질 않는다.

도대체 죽는다는 일은 무엇일까? 죽음은 인간이 삶에서 감당해야 하는 일 가운데 가장 무거운 것이다. 이보다 큰일은 없다. 그런데 지식은 끝없이 분화한다. 무한히 분화하면서 한없이 확장한다. 지식의 분화에 몸을 맡긴 사람은 진짜 세계로부터 계속 이탈하고 벗어날 수밖에 없다. 유한한 생명을 가진 인간이 무한 분화하는 지식의 원심력에 몸을 맡기면 매우 위험하다는 경고판을 장자는 이미 「양생주(養生主)」편 첫머리에 세워놓았다. "삶에는 끝이 있지만, 지식에는 끝이 없다. 끝이 있는 것으로 끝이 없는 것을 따라가면 위태롭다(吾生也有涯 以知也無涯 以有涯隨無涯 殆已)." 그는 지식이란 실재 세계, 즉 구체적인 세계에서 피어난다는 것을 말하고 싶어 했다. 그는 「소요유」편에서 이 점을 단호하게 말한다.

개념이라는 것은 실재 세계의 손님일 뿐이다(名者 實之賓也).

세계 그 자체는 구체적으로 유동한다. 그것이 실재이고 진짜이다. 장자에 의하면, 지식이란 원래 구체적으로 존재하는 진짜 세계를 개념이나 관념의 형식으로 구성한 것이다. 지식은 진짜가 아니라,

진짜를 설명해놓은 것일 뿐이다. 지적으로 완벽한 인간은 세계를 믿지, 지식에 전적으로 의존하지 않는다. 어설픈 지식인은 지식이나 이론을 화려하게 나열한다. 하지만, 높은 단계의 지식인은 투박하더라도 세계를 직접 보고, 세계에 대하여 직접 말한다. 세계를 사유하지, 사유를 사유하는 일을 하지 않고 구체적인 세계에 직접 접촉한다. 장자는 구체적인 세계에 직접 접촉하고, 거기서 성숙해지는 것이야말로 지적으로 완성된 경지라고 말하고 싶었던 것 같다. 결국 지적인 완성은 현실에서 검증될 뿐이다.

우리는 지식 생산국이 아니라 지식 수입국이다. 지식은 구체적인 진짜 세계를 밭으로 삼아 바로 거기서 태어난다. 지식 수입국은 밭에서 지식이 생산되는 과정을 모른 채 수확된 이론 체계만을 가져다 쓴다. 생산 과정을 모른 채 이론을 수입한 나라는 그 이론을 바로 진리로 여긴다. 밭에서 생산된 것이라는 인식이 있으면 밭을 터전으로 삼지만, 그 과정을 모른 채 수확물만 수입해서 쓴다면 수확물 자체를 보물로 여기기 때문이다. 그래서 구체적인 생산 과정에 익숙한 사람들은 주도권을 세계에 두고, 이론을 수입한 나라의 사람들은 주도권을 세계가 아니라 이론에 둔다. 당연히 지식 생산국에서는 세계가 변하면 이데올로기나 이론을 바꾸며 변화해가지만, 지식 수입국은 한번 받아들인 이론을 끝까지 믿으며 절대 바꾸려 하지 않고, 오히려 그 이론으로 진짜 세계를 통제하려 든다. 한쪽은 변화하며 앞으로 나아가지만, 한쪽은 정체될 수밖에 없다. 지식과 실재 세계를 대하는 이런 태도의 차이가 바로 독립과 종속을 결정해버린다.

사유를 사유한 조선의 엘리트

패망의 기운에 붙잡힌 고려 말의 모순을 극복하고 새로 성립된 나라, 조선은 고려하고 전혀 다른 통치 구조나 이데올로기를 쓸 수밖에 없었기 때문에 성리학(性理學)과 중앙집권적 관료체제를 선택한다. 성리학은 중국 송나라 때 형성된 새로운 형태의 유학 이데올로기다. 조선은 원나라와 명나라가 교체되는 시기에 성리학을 받아들여 그것을 통치 이데올로기로 정하고 난 후, 줄곧 성리학 본래의 모습을 지키려고 무척 노력한다. 하지만 중국은 왕조가 교체되는 정치적 격변을 동반하였다는 점을 고려하더라도 구체적인 현실 세계의 사회경제적 조건이 달라지면 바로 거기에 맞춰 이데올로기를 바꿨다. 그래서 같은 유학이라도 명나라 때에는 양명학(陽明學)으로, 청나라 때에는 고증학(考證學)으로 바뀐다.

조선을 보자. 1392년, 조선이 건국되면서 성리학을 이데올로기로 채택한 후 사상 논쟁의 핵심은 누가 더 성리학의 원래 모습을 철저히 지키느냐는 것이었다. '순수 집착'에 빠진 조선의 엘리트들은 사회경제적 조건이 어떻게 변하더라도 중국에서 들어온 '진리'로서의 '성리학'을 손톱만큼도 바꾸려 하지 않았다. 모름지기 한 나라는 이데올로기 혹은 어젠다나 비전 등이 그 사회가 필요로 하는 요구와 일치하였을 때에만 발전한다. 그 사회가 처한 현실적 요구와 비전이 일치하지 않으면, 바로 비효율이 쌓인다. 비효율이 쌓여가면서 국가는 허약해지고, 길을 잃는다. 조선은 이데올로기를 현실에 맞춰 바꾸는 대신, 현실을 이데올로기에 맞추려는 노력만 했다. 세계에서 이론을 생산하려고 노력하지 않고, 세계를 정해진 이론에 꿰맞추려 한 것이다. 진리를 지키려는 순수한 집착, 그 이상도 이하도 아니다. 물론 여러 가지 효율적이며 실재적인 일들이 없었던 것은 아니지만, 큰 틀에서는 이 흐름을 줄곧 유지하였다. 조선은 수입한 이데올로기에만 장장 200년 동안이나 집착했다. 200년 동안 하나의 이데올로기를 변함없이 지키려고 노력한 결과, 국가는 극단적인 비효율에 빠져 허약해졌다. 결국 1592년 일본의 침략 앞에 맥없이 당하는 치욕을 겪을 수밖에 없었다.

그렇다면 중국은 어떻게 이론의 틀에 세상을 맞추려 하지 않고, 세상이 달라짐에 따라 대담하게 이론을 바꾸는 일을 할 수 있었을까? 간단하다. 중국은 그 이론을 생산한 나라이기 때문이다. 이론을 생산한 나라는 이론이 현실이라는 밭에서 생산된다는 것을 안다. 그래서 그들은 시선의 무게 추를 이론에 두지 않고, 현실에 둔다. 구체적인 세계와 현실을 중심에 놓고 생각하지, 이미 정해진 이론을 금과옥조로 여기지 않는다. 이론은 그저 현실에서 생산된 부산물이라는 것을 알기 때문이다. '개념이라는 것은 실재 세계의 손님일 뿐'이다.

이와 달리 이론을 수입한 나라는 이론이 생산되는 과정을 경험하지 못한 채, 이미 생산된 이론만을 수입해서 쓰기 때문에 이론을 불변하는 진리로 여기기 마련이다. 이런 경우에는 이론이나 이데올로기를 바꾸면 바로 정의롭지 않은 변절자 취급을 당하기 십상이다. 그러나 세상의 진화는 현실에 기반을 둔 변절자(혁신가)가 해내지, 이념이나 이데올로기에 충실한 근본주의자가 할 수 있는 일이 아니다. 그래서 지적인 완결성은 구체적인 현실에 시선의 무게 추를 두고, 거기서 사유의 밭갈이를 하는 우직함에서 드러난다. 그 밭갈이의 완성은 또 이 세상에서 가장 구체적일 수밖에 없는 자신의 생명 앞에서 좌우된다. 지식의 원심력을 극복하고, 실재의 중력을 항상 느껴야 한다. 그것이 독립적이고 창의적으로 사는 길이다.

성공한 사람

성공의 기억

성공한 사람의 발목을 잡는 가장 큰 적은 무엇일까? 한 번 성공해 본 사람이라면 그것을 바탕으로 하여 또 다른 성공을 이루고 싶어 할 텐데, 그것을 어렵게 하는 가장 근본적인 요인은 무엇일까? '성공의 기억'일 가능성이 가장 크다. 한 번 강력한 성공을 경험한 사람이라면 대개 성공할 때 사용하였던 방법과 섬광 같았던 결정의 순간을 짜릿한 신화의 중심 줄기로 붙잡게 된다. 하지만, 그 신화의 줄기가 다시 자라는 일은 거의 없다. 왜냐하면, 세월이 그리도 무정하기 때문이다. 세월은 원래 있던 환경을 지우고 전혀 다른 환경을 세워가며 질주한다. 이 동작은 한 번도 멈추지 않는다. 그래서 성공할 때 발을 딛고 있던 그 상황과 조건은 두 번 다시 반복되지 않는다. 한 번 더 성공을 꿈꾸는 그 사람이 마주해야 할 상황은 언제나 새롭고 처음 직면하는 것이다. 이러한데도 '성공의 기억'에 갇힌 사람은 새롭게 나타나는 조건마저도 과거에 했던 그 성공의 기억으로 다루려 한다. 움직이는 세상을 자신의 기억 속에 가두려는 무모한 시도와 다르지 않다. 한 번 더 큰 성취를 이루고 싶다면, 우선 그 짜릿한 기억에서 벗어나야 한다. 기억은 과거이고, 한 번 더 해야 할 성공의 결정적 순간은 이미 과거를 벗어나 있다. 문제는 이 새로운 조건 앞에서 어떻게 새로운 방식으로 새로운 결정을 할 수 있는가이다. 노자는 우리가 성공의 기억에 갇히는 것을 경계하라고 다음과 같이 권한다.

공이 이루어지면, 그 공을 차고앉지 말아야 한다(功成而不居).

노자는 처음에 이 말을 정치적인 의미에서 주로 사용하였다. 정치인이 지속적인 지배력을 유지하려면 어떻게 해야 할까? 백성들의 마음속에 영원히 살아남는 생명력 있는 권위는 어떻게 가질 수 있는가? 우선 자기가 이룬 공, 바로 그것에 함몰되지 않아야 한다. 그리고 그것을 이룰 때 사용하였던 방법에 고착되어서는 안 된다. 어떤 혁명가(革命家)가 자신이 타도하려고 하는 대상을 타도하고 나서 그 자리를 차지하고 앉으면 그는 이미 혁명가가 아니라 반항아에 불과하다. 왜 진실한 표정으로 혁명가를 자처하던 사람들이 혁명을 이룬 후에는 쉽게 비판받고 버림받게 되는가. 그것은 혁명 대상을 타도하고 나서 그 자리를 차고앉으려 시도하면서 이미 자신이 타도하려던 그 대상과 부지불식간에 닮아버리기 때문이다. 정치 자체를 상승시키지 못하고, 정권만 교체한 형국이다. 혁명의 기운이 감돌 때, 백성들이나 국민이나 시민들은 모두 지금과는 전혀 다른 세상을 꿈꾼다. 다른 세상은 다른 정치로만 가능하다. 혁명가들은 대개 다른 정치를 하겠다고 선동하지만, 결국 타도 대상이 앉았던 자리에 자신이 앉음으로써 다른 정치의 길은 요원해진다. 정치가 상승하는 길은 사라지고 권력만 교체된다. 이 정권이 저 정권으로 바뀐 것에 불과하다. 더 좋은 세상을 위해서 필요한 것은 정치의 발전이지 정권이나 권력의 교체가 아니다.

당연히 혁명이라는 공을 이룬 후에는 그것을 차고앉으면 안 된다. 왜 아직도 현대의 유일한 혁명가로 체 게바라를 드는지 알 수 있다. 아르헨티나 출신의 체 게바라는 쿠바를 혁명하고 나서 쿠바의 권좌에 눌러앉지 않았다. 바로 다음 혁명지인 볼리비아를 향해 떠났다. 체 게바라에게는 혁명만 있을 뿐 권력이라는 의자에 앉으려는 정주(定住)의 욕구가 없었다. 그래서 혁명을 또 혁명하며 비로소 유일한 혁명가로 남을 수 있었다. 그렇다면, 우리 주위에서 들리는 익숙한 혁명가의 이름들은 사실 반항아에 불과할 가능성이 매우 크다. 사회가 진보하지 못하고 있다는 말은 혁명가가 아니라 반항아가 권력을 가지고 있다는 반증이다. 지금 대한민국 현실에서도 권력의 교체는 있을지 몰라도 정치의 상승을 기대하기란 어려울지도 모른다.

공(功)을 차고앉지 말라

이런 반항아들은 혁명가로 자처하면서 자신들이 했던 반항의 활동을 혁명으로 포장한다. 진실한 혁명가는 스스로 혁명가라고 말하지 않는다. 부단한 혁명만 있는 까닭에 자기를 어떤 집안(家)에 앉혀둘 수 없기 때문이다. 특정한 집안(家)의 의자에 앉아 혁명을 말하는 순간, 그는 바로 반항아로 전락하지 않을 수 없다. 반항아들은 모두 무엇인가를 타도하고 난 후, 바로 그 자리를 차고앉아 바로 정주(定住) 형태의 집안(家)을 이루어버린다. 혁명이 성공한 그 순간을 차고앉는다. 혁명의 기억에 갇힌다. 그래서 앞으로 일어날 일들도 그 혁명의 기억을 가지고 재단한다. 그 기억에 맞으면 선이고, 그 기억에 맞지 않으면 반동이다. 혁명의 '깃발'이 바로 '완장'으로 바뀌는 순간이다. 혁명의 과실이 역사가 되지 못하고 조작된 기억으로 남아 이 집안의 소유로 전락한다. 어쩔 도리가 없이 혁명의 동네는 이 집안의 지배를 받는다.

역사가 더 흐르고 싶어도, 동네가 더 진보하고 싶어도, 혁명을 지속하고 싶어도, 혁명 시기 쌓인 증오를 벗어버리고 싶어도, 화해하고 싶어도, 다른 새 세상을 만들어보고 싶어도, 혁명의 그 기억에 갇힌 한 집안에 발목이 잡혀 있는 한, 한 발짝도 떼지 못한다. 혁명이란 지속적으로 혁명할 때에만 혁명이다. 권력의 교체에 머물지 않고, 정치의 상승이 이루어지는 것이다. 그렇지 못하면, 진보적 혁명을 자처하고도 결국은 보수화되고, 혁명가들은 또 다른 권력자로 남을 뿐이다. 그래서 공이 이루어지고 난 후에는 그것을 차고앉지 말라고 하는 것이다.

혁명의 기억에 갇히지 않음으로써 정치 발전을 이루고 새 세상을 펼친 예로는 중국의 유방(劉邦)을 들 수 있다. 유방은 항우와의 치열한 전투를 거쳐 승리자가 된 후, 한(漢)이라는 이름을 단 새로운 정치 마당을 펼친다. 황제가 되어 새 정치를 펼치고 있는 유방에게 육고(陸賈)라는 신하가 말한다. "황제께서는 이제 경전을 공부하십시오." 여기서 경전은 철학이나 문학 혹은 역사 등 경세의 근본에 관한 학문을 가리킨다. 처음에 유방은 육고의 조언에 화를 냈다. 자신이 목숨을 걸고 전장을 누빌 때, 아무것도 하지 않고 책이나 보던 사람이 이제 와서 자신에게 경전을 읽으라 충고나 한다는 것이었다. 그러자 육고가 말했다. "말 잔등에 올라탄 채로 천하를 차지했다고 해서 말 잔등에 올라탄 채로 천하를 경영할 순 없습니다." 유방의 위대한 점은 육고의 충고를 그 즉시 알아들었다는 데에 있다. 육고의 지도로 유방은 바로 경전 공부를 시작했다. 이런 경청(傾聽)의 능력으로 유방은 천하를 차지할 때의 성공 기억에 갇히지 않을 수 있었다. 만약 혁명의 기세와 기억에 사로잡혀 있었다면 유방도 분명히 말 잔등에 올라탄 채 국가를 다스리려 했을 것이다. 그러나 유방은 공(功)이 이루어질 때의 그 기억에 갇히지 않고 바로 변신을 감행하였다. 유방은 혁명가에서 국가 경영자로 변신함으로써 비로소 혁명을 완수할 수 있었다.

지금까지 근 20여 년간 대한민국의 통치자들은 권력을 잡는 데까지는 성공하지만, 결국 권력을 잡을 때의 그 기억에 갇혀 국가 경영자로 변신하는 데에는 실패하였다. 정치인에서 국가 경영자로 진화하지 못한 것이다. 바로 공이 이루어지고 난 다음에 그것을 꿰차고 앉은 결과다.

　통치자들이 연이어 정치인에서 국가 경영자로 변신하는 데에 실패하면, 나라의 진보나 진화는 어느 단계에서 멈출 수밖에 없다. 그 결과 대한민국은 신생 독립국으로 출발한 지 70년 만에 세계가 모두 놀랄 만한 발전을 이루고 나서 한계에 갇혀 긴 시간 새로운 출로를 찾지 못함으로써 탄력을 상실하고 낡아버렸다. 한계에 갇혀 늙어버린 것은 공을 이룬 후에 그것을 꿰차고 앉은 결과다. 늙었다는 평가를 받기 전까지의 우리는 세계가 주목할 만한 우상향의 직선적 발전을 구가하였다. 바로 해방 후 건국, 건국 다음의 산업화, 산업화 다음에 민주화를 시대의 요구에 맞춰 잘해낸 것이다. 건국·산업화·민주화의 직선적 역사발전은 국가에 효율을 가져다주어 사회 각 부문이 모두 탄성과 탄력이 있었다. 풍모가 젊고 싱싱하여 도전적이었다. 그러나 민주화까지 내달리고 난 다음에 우리는 그다음의 목표를 설정하지 못하고 있다. 다음 목표가 설정되어야만, 그 목표를 새로운 사명으로 삼아 나아가면서 이미 이룬 공을 꿰차고 앉는 퇴행적 탐욕을 부리지 않을 것이다.

　그러나 민주화 다음의 새로운 목표가 서지 않으니, 민주화 세력은 민주화의 공을 꿰차고 앉아 있고, 산업화 세력은 산업화의 공을 꿰차고 앉아 있으며, 심지어는 건국 세력까지도 건국의 공을 꿰차고 앉아 있다. 꿰차고 앉아서 자신이 세운 공이 진리라고 주장하며 싸우는 모습이 지금 우리의 민낯이다. 화려했던 그 성공의 기억을 붙들고 해왔던 얘기를 계속해대며 자신을 권력화하려고만 한다. 그러나 정권이나 세력에게 묻지 않고 역사에 묻는다면, 대답은 의외로 간단하다. 이제 건국 세력도 과거이고, 산업화 세력도 과거이며, 민주화 세력도 과거이다. 각 세력 집단들은 우선 자신이 벌써 과거가 되었음을 인식해야 한다. 과거가 되었음을 인식해야만, 자신의 공을 꿰차고 앉지 않을 각성이 가능하고, 이 각성이 있어야만 새로운 탄력과 탄성이 시작될 수 있다. 이것을 새 정치라 하고, 새 역사라 하는 것이다. 과거가 미래의 발목을 잡으면 안 된다.

"공이 이루어져도 그것을 차고앉지 않는 일(功成而不居)"은 노자 철학의 핵심인 '무위(無爲)'의 한 형태이다. 노자에 의하면, '무위'로만 위대함을 이룰 수 있다. '무위'하면 '안 되는 일이 없다(無不爲)'. 독일의 문호 괴테는 스스로를 뱀과 같은 존재로 생각했다. 허물을 벗고 항상 새로운 시작을 시도한다는 뜻이다. 괴테만큼의 성취를 이루고 간 사람이 몇이나 될까. 괴테의 성취는 부단한 허물벗기의 결과다. 허물을 벗는 뱀은 살고 허물을 벗지 못하는 뱀은 마침내 죽는다. 공(功)이라는 허물에 갇히면 안 된다.

산의 즐거움, 60×60cm

'장오자'라는 사람

철이 나기 전, 아주 어릴 적에 참으로 얼토당토않은 생각을 잠깐 한 적이 있다. 출가(出家)하면 어떨까? 출가해볼까? 원래 출가의 근기를 타고난 사람이라면 절대 입 밖에 내지 않고 혼자만 품은 채 열병을 앓고 또 앓다가 그냥 결행하였을 것이다. 하지만 나는 가볍기가 한량없어서 생각이 들자마자 몇 밤도 넘기지 못하고 어머니에게 말해보았다. 초여름의 이른 오후였다. 적당히 데워진 마룻장에 등을 대고 누워 어머니를 빤히 쳐다보며 종알댔다. 그런데 의외로 어머니께서 내 말을 너무 진지하게 듣고 놀라시자 얼른 포기했다. 훗날 어머니는 내가 등산 가는 것도 싫어하셨다. 저 높은 산에 들어가 어머니 본인이 살고 계시는 낮고 거추장스러운 이곳으로 내려오지 않을까 봐 걱정하셨던 듯하다. 당신이 낳고 당신이 기르면서도 그 아들의 성정이 얼마나 폴폴 가벼운지는 내내 모르셨던 것 같다. 자식에게 사랑과 기대만 퍼부으시느라 정작 자식의 본바탕을 외면하셨던 그런 분을 괜히 괴롭혀 드렸다. 그렇게 하여 나는 성불(成佛)의 길보다 효자(孝子)의 길을 택했다. 성불은 저 먼 곳에서 빛나는 이상적인 달관의 경지로 보였고 효자는 구구절절 생활의 때가 묻은 이곳의 일 같았다. 그 뒤로 내 어깨와 견줄 만한 높이에 있는 것들은 어쩐지 하찮고 심드렁했다. 아주 특별하고 높은 곳에서만 빛나는 어떤 것을 포기한 사람이 갖는 약간 비굴해진 느낌이랄까. 그것을 감추느라 내 어깨 아래의 삶 속에서 얼마간은 더 뻣뻣했는지도 모르겠다. 효성은 어쩐지 땔감들 사이를 직선으로 헤집고 들어와 잠든 먼지들을 다 깨워놓는 석양빛 드는 부엌의 아궁이에서나 일어나는 평범하고도 평범한 일 같았다. 밥은 나오지만 눈길은 머물지 않는…… 어쩔 수 없이 한동안 내 눈길은 차라리 파르스름한 빛이 남몰래 감도는 젊은 탁발승의 쓸쓸한 '삭발'에 닿으려 했다.

노자나 장자를 많이 읽는다는 것을 아는 친구들은 내게 항상 거창하고 특이한 얘기들을 듣고자 했다. 일상의 규칙들을 무시하면 더 환호하고 내가 학문적으로 이해한 것을 몸소 실천까지 한다고 인정해주기도 했다. 시험을 열심히 준비해도 친구들은 노장(老莊)학도답지 않다고 했다. 성공하고 싶어 하는 마음이 조금이나마 비치면 장자의 소요유(逍遙遊)를 배운 사람이 왜 그러냐고 했다. 신발과 옷가지만 남기고 홀연히 사라져버리는 성선(成仙) 차원 정도의 얘기는 되어야 다들 만족했다. 볕이 낮게 들어오는 봄날 오후, 어느 맥줏집 창가에 앉아 수업에 들어가지 않은 날이었다. 먼저 일어서면서 친구들은 나를 널리 이해한다는 뜻으로 말했다. "쟤는 도가(道家) 철학을 하니까 저래. 괜찮아." 이 일탈은 도가 철학과 아무 상관이 없다. 게으름이자 방종일 뿐이었다. 그저 각자 한편으로 치우쳐 있던 사람들끼리의 부족한 소통이었을 뿐이다.

순수함

'구작자(瞿鵲子)'라는 사람이 있었다. 이름에는 '깜짝 놀라 이리저리 두리번거리는 까치'라는 의미가 들어 있다. '장오자(長梧子)'라는 사람이 있었다. '아주 오래 산 오동나무'라는 뜻을 가졌다. 오동나무(梧)는 깨달음을 나타내는 글자인 '오(悟)'자와 발음이 같아서 가끔 섞어서 쓰기도 한다. 여기서 장오자는 깨달음에 이른 도가적 인물을 나타내고, 구작자는 아직 거기에 이르지 못한 사람, 즉 유가적인 인물을 나타낸다. 구작자가 장오자에게 묻는다. "제 스승에게서 들은 얘깁니다만, 최고 높은 수준에 이른 사람인 성인은 세상일에 빠지지 않고, 이익을 좇지 않으며, 해가 닥쳐도 피하지 않고, 무언가 추구하는 것도 없고, 정해진 길을 따르지도 않고, 말을 하지 않아도 무언가 말해지고, 말하지만 사실은 아무것도 말한 바가 없으니, 이런 식으로 이 세상 밖에서 유유자적한다고 합니다. '도(道)'를 실천한다면 이 정도는 되어야 한다고 생각하는데, 이 얘기를 어떻게 생각하시는지요?" 이 물음에 장오자는 이렇게 대답했다. "그런 말은 황제(黃帝) 정도 되는 사람이라도 알아듣지 못할 것이오. 그러니 당신 스승인 공자가 어찌 알 수 있겠소. 또한 당신도 이런 얘기를 '도'를 실천하는 말이라고 생각하는데 내가 보기에는 지나친 단견이오. 달걀을 보고 새벽을 알리기를 바라고, 탄알을 보고 곧바로 새 구이를 찾는 것처럼 급하오. 그냥 당신을 위해서 내 생각을 아무렇게나 말해볼까요? 그러니 편하게 아무렇게나 들어주시오. 해나 달과 어깨를 나란히 하고 우주를 겨드랑이에 낀 채, 만물과 잘 맞아 서로 어그러지지 않고, 모든 것에 억지로 자기 뜻을 부과하지 않은 채 그대로 놓아두고, 가치판단 기준으로 귀천을 나누지도 않소. 세상 사람들은 온 힘을 들여 힘들게 살지만 성인은 우둔하며, 오랜 세월 동안 세상사에 섞여 있으면서도 자신만의 순수함을 지키고 있소(『장자』「제물론」)."

가장 높은 경지나 깨달음 혹은 절대 성숙은 '이곳'을 떠나서 훨훨 높이 날아올라, 이곳과 전혀 다른 저 먼 곳의 어디에 안착해 있으면서 이곳을 내려다보는 어떤 것이 아니다. 장오자가 말하듯이 세상사와 함께하면서 그것들과 어그러지지 않고 함께 나아가는 것이다. 중요한 것은 함께 나아가면서 자신의 '보물'만은 절대 놓치지 않는다. 그 보물을 장자는 '순수함(純)'이라고 말했다. 바로 자신을 자신이게 하는 자신만의 고유한 특질이다. 여기서 자신이 평생 수행해야 할 '사명'이 나온다.

그럼 자신의 '순수함'을 지키는 바로 그 '우둔한' 성인은 어떤 높이에 있는 사람인가. 장자는 말한다. "해나 달과 어깨를 나란히 하고 우주를 겨드랑이에 낀" 정도의 사람이다. 지식이 되었든 사고의 폭이 되었든 감각이 되었든 간에 해나 달이나 우주의 높이 내지는 넓이에 닿아 있다는 뜻이다. 그런 후에야 세상사와 어그러지지 않을 사고의 두께를 가진 자로서 자신만의 편협한 잣대로 귀하고 천한 것을 나누어 세상을 대하지 않게 된다. 이것이 바로 장자가 말하는 '우둔함'이다. 자신만의 잣대가 없는 까닭에 그것을 잘 모르는 보통 사람들은 그를 바보나 우둔하다고 말할 수밖에 없을 것이다.

도시에서 지친 사람들은 오지의 발길 끊긴 산속을 꿈꾼다. 그래서 많은 시간을 들여 숨어들 곳을 찾아 헤맨다. 도시에서의 일을 끊고 산속으로 들어가는 것을 승리로 여길지도 모른다. 그러나 자연에서도 자신만의 '순수함'을 지키지 못한다면, 방만과 게으름을 벗어날 길이 없다. 지력이나 감각이 꼭 "해나 달과 어깨를 나란히 하고 우주를 겨드랑이에 낀" 정도가 될 것까지야 없겠지만, 그래도 어느 정도만 유지되어도 매일 동네 사람들과 어울려 술을 마시며 삼겹살을 구워 먹는 한가한 유흥으로는 자유나 자족의 경지를 맛볼 수 없다. 자족이나 자유의 중심 자리는 항상 '자기(自)'가 차지한다. '자기'가 지켜져야 자연스럽기도 하고 자유스럽기도 하고 자족하기도 한다. '자기'가 지켜지지 않은 자유는 방종이고, '자기'가 지켜지지 않은 '자족'은 나태함이고, '자기'가 지켜지지 않은 '자연스러움'은 촌스럽다. 최종 승리의 길은 자신만의 순수함을 지키느냐 지키지 못하느냐가 결정한다. 자기가 굳건하게 지켜지는 사람은 절대 어느 한쪽으로 쏠리지 않는다.

도시에 있든 시골에 있든 자신이 중심을 지키면 된다. 자기가 중심을 지키는 한 도시에서도 시골을 살 수 있고, 시골에서도 도시를 살 수 있다. 도시도 이상향이 아니고, 시골도 그 자체만으로는 절대 이상향이 아니다. 자기가 약한 사람은 도시에 있을 때 시골을 꿈꾸고, 시골에 있으면서 도시를 꿈꾼다. 자기의 순수함을 지키는 사람은 도시에 있건 시골에 있건 자신이 있는 곳에서 두 세계를 '우둔'하게 실현한다. 자아실현이나 완성은 장소에 좌우되지 않는다. 오히려 장소를 지배하는 자신의 사명이 결정적이다. 자기 자신만 가지고 있는 고유한 그 '순수함'이 바로 이상향을 좌우하는 손잡이다. '순수함'이 장소를 지배해야 한다. 여기서 '순수함'은 바로 '덕(德)'이다.

야마(野馬)와 진애(塵埃)의 움직임에서

인간의 삶은 따로 있지 않다. 유동적 우주에 섞여가는 한 형태인데, 따로 존재하는 것이 아닌 이상, 그것 자체가 바로 우주적이다. 그런 점에서 자연과 인간은 분리되지 않는다. 인간성 안에 자연성이 들어 있고, 자연성이 인간성의 토대이다. 이렇다면 인간이 하나의 관점을 고집하며 자기 정체성(正體性)을 주장한다면 매우 정체적(停滯的)이거나 부분적일 수밖에 없다. 장자는 『장자』 「소요유」편에서 세계를 이렇게 묘사한다.

아지랑이나 먼지 이는 하늘과 땅 사이에서 생물이 서로 입김을 내뿜는 현상이다. 이렇게 본다면 하늘이 새파란 것은 원래부터 그런 색깔일까? 아니면 멀리 떨어져서 끝이 없기 때문일까? 구만리 높은 하늘을 나는 대붕 또한 위에서 내려다보면 파랗게 보일 것이다.

야마(野馬)로 표현되는 아지랑이와 진애(塵埃)로 표현되는 먼지는 정해진 방향 없이 계속 움직인다. 정해놓은 방향이나 목적도 없이 그저 움직일 뿐이다. 왜 움직이는지 알 수 없다. 그것이 자연이다. 이것은 존재하는 모든 것이 서로 다른 방향으로 운동하면서 우주의 완결성을 이루는 것과 같다. 여기서 자유가 태어난다. 장자는 이 문장을 통해 특정 지점에서 결정되는 관점의 기능을 철저히 무화시킨다. 하늘은 여기서 올려다볼 때만 파란 것이 아니라는 것이다. 그런 까닭에 한 가지 기준으로 나를 고정해 우주 운행을 방해하면 안 된다. 이것이 우주적 원리이고 거대한 성취가 시작되는 출발점이다.

이제 나는 조금이나마 알게 되었다. 이 세상의 일을 열심히 하면 바로 여기서 저 세상이 구현된다는 것을. 저 세상은 따로 분리되어 존재하지 않는다는 것을. 진짜 자유인은 도시에 살면서도 자연의 이치를 깨닫고 자신을 관조하며 천천히 움직이는 사람이란 것을. 원수를 사랑하는 일이 왜 나를 살리는 일인지를. 용서하고 용서

받는 일이 왜 인간의 편협성을 벗어나는 우주적인 사건인지를. 서울 시내의 호텔과 나무 위의 새 둥지가 그리 크게 다른 것이 아님을. 협력이라는 것은 나를 줄이고 반대하는 쪽을 수용하는 일이란 것을. 부엌 흙바닥에 쭈그려 앉아 석양빛을 모로 받으며 어머니를 위해 아궁이 불을 살리던 일이 바로 성불(成佛)의 길이었음을.

유유자적하고 장수를 누리는 사람

일자리에 관해서 하는 얘기들을 들어보면, 구직자와 기업 간에 생각이 일치하지 않는 점도 있어 보인다. 청년들은 일자리가 없다고 아우성이고, 기업들은 뽑을 인재가 없다고 한다. 기업들이 뽑을 인재가 없다고 말하는 내용은 대개 대학에서 가르친 것들이 현장에서 바로 적용하는 데에 별로 쓸모가 없어서 기업에서는 새로 다 가르쳐야 한다는 하소연이다. 기업은 항상 쓸모 있는 것들을 요구해왔다. 특히 요즘처럼 모든 면에서 변화가 급격히 일어나는 때라면, 쓸모 있는 것에 관한 내용 자체가 달라져서 그 요구는 더 급할 수 있다. 세상이 달라지면 쓸모 있는 것도 달라진다. 이런 쓸모 있는 것에서 저런 쓸모 있는 것으로의 이동이 변화의 실제 모습이다. 여기서는 쓸모 있던 것이 저기서는 쓸모가 없거나 쓸모가 줄어든다. 똑같이 저기서 쓸모 있던 것들이 여기서는 쓸모가 확 줄거나 아예 없다. 쓸모없던 것이 쓸모 있게 되거나 쓸모 있던 것이 쓸모없게 되는 것을 먼저 알아차려 대응하는 것도 선견지명(先見之明)이다. 이런 선견지명을 효율적으로 잘 발휘한 사람들이 항상 부나 권력을 차지했다. 학술이나 예술이나 문화적인 성공도 이런 선견지명과 매우 가깝다.

'쓸모없음'의 시간

쓸모 있는 것이 쓸모 있는 것으로 자리 잡기 전에는 쓸모없다는 소리를 듣는다. 그리하여 어떨 때는 쓸모없는 것이 쓸모 있는 것의 조상이 되기도 한다. 『장자』의 「소요유」편에 나온 이야기다.

혜자가 장자에게 말한다. "나한테 큰 나무가 한 그루 있는데, 사람들은 그것을 가죽나무라 합니다. 줄기가 하도 울퉁불퉁해서 먹줄을 치지 못하고, 가지는 하도 꼬여서 자를 대지 못합니다. 길가에 서 있지만 목수들이 거들떠보지도 않아요. 선생께서 하시는 말씀들은 모두 크지만 쓸모가 없어서 사람들이 외면하니 그 처지가 이 나무와 같습니다." 그러자 장자가 말했다. "선생은 너구리나 살쾡이를 아시죠. 몸을 낮게 웅크린 채 닭이나 쥐를 노리면서 높고 낮은 데를 가리지 않고 이리저리 뛰다가 덫이나 그물에 걸려 죽지요. 그런데, 커다랗고 검은 소는 하늘에 드리워진 구름처럼 커서 큰일은 해도 쥐는 잡지 못합니다. 선생은 큰 나무를 가지고 있으면서 그것이 쓸모가 없음을 걱정하시는데, 어째서 아무것도 없는 들판에 심어놓고 그 곁에서 마음 내키는 대로 한가롭게 쉬면서, 그 그늘 아래 누워 유유자적하지 않소. 도끼에 찍히는 일도 누가 해를 끼칠 일도 없을 것이오. 쓸모없다고 해서 어찌 괴로워한단 말이오."

얼핏 읽으면 쓸모없게 사는 것이 차라리 해를 입지도 않고 오래 갈 뿐만 아니라 여유롭고 유유자적한 삶을 누릴 수 있다는 정도의 의미로 보이기도 한다. 그냥 편하게 오래 사는 것이 최고라는 낭만적 태도로 보이기도 한다. 하지만 여기에는 더 실제적인 의미가 담겨 있다. 장자가 말하는 유유자적하고 장수를 누린다는 것은 최고 단계의 성취를 의미하기 때문이다.

쓸모없음을 말할 때 "먹줄을 치지 못하고" "자를 갖다 대지 못한다"고 표현한다. 먹줄은 나무를 재단하기 위해 선을 긋는 데 사용하고, 자는 길이를 정확하게 재는 데에 사용한다. 재단하고 길이를 재기 위해서는 먹줄과 자를 피할 수 없다. 이들은 물건을 제작하는 모든 과정을 지배하는 기준이다. 만들어지는 것은 모두 이 먹줄과 자의 지배력 아래서 생산된다. 먹줄과 자는 지배적인 능력을 가지고 군림한다.

이제 세상이 먹줄과 자처럼 정해진 기준을 따르는 것만으로는 과거를 벗어나지 못한다. 결국 과거를 벗어나 새로운 현재를 만들고 또 거기서 미래를 지향하는 영속적인 발전을 하지 못할 수도 있다는 것이다. 기준은 그대로지만 세상은 변한다. 변화는 항상 먹줄과 자의 범위를 벗어난다. 먹줄이나 자가 변화를 일사불란하게 통제하는 것이 아니라, 사실은 변화에 따라 오히려 먹줄과 자의 쓰임새가 달라져야 한다. 변화에 맞춰 먹줄이나 자의 쓰임새가 습관적 사용법을 벗어나야 하는데, 아직 먹줄이나 자의 접근로가 개발되어 있지 않다면, 그것은 분명히 쓸모없는 것이라는 평가에 직면할 수밖에 없다.

시간적으로 아직 펼쳐지지 않은 것을 쓸모없는 것으로 볼 수도 있지만, 시선의 높이나 역할의 대소에 따라 수준이 아직 안 되는 것이 자신의 수준을 넘어서는 것을 필요 없는 것으로 볼 수도 있다. 다음의 얘기가 바로 그러한 내용을 말한다. 『장자』「인간세(人間世)」편에 나오는 대목이다.

장석(匠石)이 제(齊)나라로 가다가 곡원(曲轅)이라는 곳에 당도하여 토지신을 모시는 상수리나무의 사당을 보았다. 얼마나 큰지 수천 마리의 소를 가릴 정도이며, 굵기는 백 아름이나 되고, 높이는 산을 내려다볼 정도이며, 여든 자쯤 되는 데서 가지가 나와 있었다. 그 가지도 배를 만들 수 있을 정도의 것이 수십 개나 되었다. 그 나무 둘레에 구경꾼이 장터처럼 모여 있으나 장석은 거들떠보지도 않고 그냥 지나쳐버렸다. 제자가 나무를 지켜보다가 장석에게 달려와 물었다. "저는 도끼를 잡고 선생님을 따라다니게 된 뒤로 이처럼 훌륭한 재목은 아직 본 적이 없습니다. 그런데 선생님께선 거들떠보지도 않고 지나쳐버리시니 어찌 된 일입니까?" 장석이 대답했다. "그런 소리 말게. 그것은 쓸모없는 나무야. 배를 만들면 가라앉고, 널을 짜면 금방 썩으며, 기물을 만들면 곧 망가지고, 문을 만들면 진이 흐르며, 기둥을 만들면 좀이 생기지. 그러니 저건 재목이 못 되는 나무야. 아무 쓸모없으니까 저처럼 오래 살 수 있었지." 장석이 집에 돌아왔는데, 상수리나무 사당의 나무가 꿈에 나타났다. "너는 나를 무엇에다 비교하려느냐. 너는 나를 쓸모 있는 나무에 비교하려는 거냐. 대체 아가위, 배, 귤, 유자 따위 열매들은 익으면 잡아 뜯기고, 뜯기면 가지가 부러진다. 큰 가지는 꺾이고 작은 가지는 잡아당겨 찢긴다. 이는 그 초목이 맛있는 열매를 맺기 때문에 제 삶이 괴롭혀지는 것이다. 그래서 천명을 다하지 못하고 도중에 죽게 된다. 즉 스스로 세속의 타격을 받은 자이다. 세상의 사물이란 다 이와 같다. 또한 나는 쓸모 있는 데가 없기를 오랫동안 바라왔다. 그동안 여러 차례 죽을 뻔했으나 오늘 자네가 쓸모없다고 했기 때문에 비로소 뜻을 이룬 셈이다. 쓸모없음이 내 큰 쓸모가 되었다. 가령 내가 쓸모가 있었다면 어찌 이토록 커질 수 있었겠는가."

깨달은 자

쓸모없음으로 큰 쓸모를 완성하는 기묘한 방식을 말해준다. 배, 귤, 유자 등은 특정한 맛을 잘 내서 매우 쓸모 있는 것으로 환영받는 과

일들이다. 이런 특정한 능력, 즉 기능에 갇힌 단계에서 보면 상수리나무는 그야말로 아무 쓸모가 없어 보인다. 그러나 이 상수리나무는 천명(天命)을 실현한다. 즉 우주의 질서를 구현하거나, 시대의 소명을 구현하는 정도다. 너구리나 살쾡이는 닭이나 쥐를 잡는 기능으로 매우 의기양양하지만, 소는 하늘을 드리우는 구름같이 거대한 일을 한다. 너구리나 살쾡이의 시각에서 보면, 큰 소는 그저 덩치만 클 뿐 아무 쓸모가 없다. 닭이나 쥐를 잡아서 배불리 먹기만 하면 충분한데, 하늘에 구름을 드리우는 큰일 같은 것이 무슨 의미가 있겠는가 하고 보는 것이다.

기능에 빠져 사는 데 익숙해지면, 기능을 넘어서 있으면서 기능을 지배하는 더 높은 단계의 비전이나 꿈을 그냥 장식처럼 다루거나 심지어는 불필요한 것으로 여긴다. 성적을 특히 중시하는 교육에서는 성적만 좋으면 된다. 운동을 안 해도 되고, 심부름을 안 해도 되고, 부모가 모든 것을 대신해줘도 되고, 봉사를 하지 않아도 된다. 학업 내용과 관련 없는 독서는 안 해도 되는 것이 아니라 할 필요가 없는 것으로 치부된다. 성적이라는 기능적 성취만 중요할 뿐, 상위의 지배력 있는 가치는 쓸모없다. 성적을 높여서 대학에 가기만 하면 되고, 꿈 같은 것을 꿔서는 오히려 안 된다. 그러나 꿈이 없는 기능적 학업은 한계가 분명하다. 쓸모 있음에 갇혀서 쓸모없음을 지향하는 동력을 상실하면 새로운 도전이나 높은 상승은 불가능하다. 나는 꿈을 가진 사람이 꿈 없이 기능만 행사하는 사람보다 훨씬 더 큰 성취를 이루는 것을 자주 봐왔다. 사실, 지적 성장이라는 것도 근본적으로는 아직 쓸모없어 보이는 것을 향한 부단한 도전과 다르지 않다. 쓸모 있음에 갇혀 있으니 이미 있는 것을 다루는 '대답'만 할 줄 알고, 쓸모없는 것으로 넘어가려는 '질문'이 없는 것이다.

대한민국은 따라 하기라는 기능적 활동을 잘해서 발전하였다. 쓸모 있는 것을 잘 수행해온 것이다. 그래서 모두 목표를 세워 추구할 줄은 잘 알지만, 목적을 추구하는 훈련은 되어 있지 않다. 방송국은 시청률만 추구하다가 방송의 본질을 세우지 못하고, 고등학교는 대입 진학률만을 따지다가 교육의 본질을 놓치며, 대학은 취업률에 갇혀서 대학으로서의 본질을 포기한다. 방송국에는 시청률 너머에 방송국으로서의 목적이 있을 것이고, 고등학교는 진학률 너머에 고등학교로서의 목적이 있으며, 대학에는 취업률 이상의 목적이 있을 것임에도 지금은 모두 시청률이나 진학률이나 취업률과 같은 기능적인 목표에만 빠져 있다. 작은 쓸모에 빠져 쓸모없게 보이는 큰 쓸모를 놓친 형국이다.

우리는 쓸모 있는 것을 이루는 것으로는 가장 잘한 민족이다. 이제 쓸모없음을 향한 도전의 길이 남았다. 목표 수행 능력은 아주 높다. 이제 목적을 세워보는 것이다. 쓸모없음으로 쓸모 있음에 길을 내줘야 한다. 기업도 쓸모 있는 인재만을 구하는 일을 넘어서서 쓸모없음을 향할 줄 알아야 한다. 깨달은 자는 쓸모 있음과 쓸모없음 사이에서 들락거린다.

무지개가 핀 산, 60×60cm

참된 사람

유전자로만 본다면 인간과 원숭이 사이에는 약 2퍼센트 정도의 차이밖에 없다. 100분의 2만 다르다. 인간과 동물로 구별하는 것이 무색할 정도로 가깝다. 심지어는 아메바와도 차이가 14퍼센트밖에 되지 않는다. 이런 숫자로 본다면 인간과 아메바 사이도 뭐 그리 멀겠는가. 하지만 14퍼센트라는 차이만으로도 마음먹고 관심을 표하기 전에는 인간에게 아메바는 없는 거나 마찬가지다. 인간과 원숭이 사이는 더 하다. 겨우 2퍼센트다. 그것도 크게 봐야 그렇다. 사실은 2퍼센트가 안 될 수도 있다. 그러나 원숭이는 동물원에 갇히고 인간은 유유자적 그들을 구경한다. 신분이나 계급적으로는 98퍼센트 이상의 차이가 난다. 이건 하늘과 땅만큼의 차이다. 미미한 유전자의 차이를 거대한 신분의 차이로 바꿔버리는 요인은 무엇인가. 바로 문화(文化)다.

동물이나 식물은 자신의 진보를 전적으로 진화에 의존하지만 인간은 문화에 더 의존한다. 이것이 결정적이다. 인간의 가장 큰 특징은 '문화적'이라는 점이다. 그래서 가장 인간다운 인간은 문화적 활동에 철저한 사람이다. 문화(文化)는 글자 그대로 무엇인가를 하거나 만들어서(文) 변화를 야기(化)하는 일이다. 변화를 야기하는 인간이 더 인간일 수밖에 없는 구조다. 인간으로는 변화를 야기해야 상급이라는 말이다. 변화를 야기하는 동력이 창의력이다. 이렇게 본다면 창의력은 가장 문화적이며 인간적인 활동력이다. 창의력을 통해 인간은 변화를 야기한다. 변화를 야기하려고 시도하는 인간에게 우리는 비로소 자유롭고 독립적이며 주체적이라고 말한다. 그렇지 않고 누군가 야기해놓은 변화를 수용하거나 답습하기만 하면 종속적이다.

언어의 길이 끊기는 찰나

그렇다면, 변화를 야기하고 수용하는 일은 어디서 어떻게 일어나는가. 어디서 출발하는가. 과거 아프리카에서 타조를 사냥하던 방법이다. 사냥꾼들이 타조를 일정한 간격을 두고 계속 쫓는다. 쫓기는 타조와 쫓아가는 사람들 사이에 유지되는 일정한 간격 사이에는 팽팽한 긴장감이 존재하는데, 쫓고 쫓기는 시간이 길어질수록 쫓기는 쪽의 긴장감은 커지기만 한다. 타조가 쫓기다가 긴장감을 감당하기 어려울 정도가 되면 도망가는 것을 멈추고 그 자리에 서서 대가리를 뜨거운 모래땅에 처박는다. 사람들은 그냥 가서 꼼짝하지 않고 머리를 박고 있는 타조를 잡아 오면 되었다. 타조들은 다 그렇게 해 왔다. 그리고 또 다른 타조들도 그렇게 잡혀 죽을 것이다.

그런데 그렇게 집단적 습관에 갇혀서 함께 어울리던 타조 가운데 한 마리가 자폐증을 앓고 있었는지는 몰라도 다른 타조들을 따라 머리를 처박지 않고 무리에서 이탈하여 갑자기 뒤를 돌아보며 쫓아오는 사람들을 노려보는 일을 저질렀다. DNA에 박혀 있는 일정한 방향을 지키다가 돌발적으로 선회(旋回)하여 습관적이고 집단적으로 공유하던 방향을 혼자서 바꾼 것이다. 모든 타조들과 공유하던 언어와 문법들에서 이탈하여 함께할 친구 하나 없는 곳으로 자신을 던진 것이다.

세계는 인간에게 항상 무엇인가 반응을 강요한다. 우리 삶은 모두 그 강요에 대한 나름의 반응일 뿐이다. 사실 우리 모두는 타조이고, 타조를 쫓아가는 사람들은 인간에게 반응을 강요하는 세계 전체로 비유된다. 내내 쫓기기만 해왔던 무리에서 이탈한 한 마리 타조가 뒤를 돌아보고 갑자기 이전에 없었던 전혀 다른 반응을 시도했다면, 이것이 바로 새로운 도전이다. 일단 뒤돌아보면 그 이전의 관행과는 전혀 다른 반응이 시도될 것이고 그것은 세계에 이전에 존재한 적이 없는 어떤 무늬를 그리게 될 것이다. 문화적 활동의 결과를 수용하던 타조가 주도적으로 문화적 활동을 하는 타조로 변했다. 창의적인 타조다.

타조가 한 미증유의 창의적 도전은 어디서 출발하는가? 집단적으로 함께 내달리던 정해진 방향에서 급선회하는 바로 거기이다. 대가리를 처박도록 정해진 방향을 향해 앞으로만 달리던 타조가 갑자기 방향을 틀어 뒤로 돌았다. 전진(前進)하다 역진(逆進)하는 타조는 두 방향을 다 경험하지만, 이 경험의 여정에는 전진과 역진이 교차하는 신비한 지점이 탄생할 수밖에 없다. 여기가 바로 문화적이고 창의적이며 인간적인 활동의 자궁이다.

이 신비한 지점에서는 세계에 내몰리느라 떼를 지어 달리면서 나누던 수없이 많은 부산스러운 말들이 갑자기 끊긴다. 익숙한 모든 행위와 언어가 갑자기 사라지며 정적에 휩싸이는 순간이 있다. 언어의 길이 끊기는 언어도단(言語道斷)의 지경이며 어떤 문자나 표지판도 더 이상의 쓸모가 사라져버리는 불립문자(不立文字)의 상태다. 언어의 길이 끊기는 바로 거기서 새로운 언어가 태어나서 새 길이 난다. 그러니 새 길은 당연히 언어가 끊기던 바로 그 찰나에 뿌리를 둔다. 무너진 표지판 곁에 새 표지판은 아직 세워지지 않았고, 어떤 말도 의미를 담지 못한 미숙의 상태, 어떤 숫자도 얹혀 있지 않은 좌표답지 못한 좌표, 방향을 잃은 아둔한 의식, 이것을 우리는 '고요'라고 말할 수밖에 없다. 전진의 문법과 역진의 언어가 사멸과 탄생으로 운명을 달리하며 서로 등을 대는 바로 그 교차점이다. 여기는 새 언어가 태어나는 곳이기도 하지만 철 지난 언어가 사라지는 곳이 아니던가. 언어가 끊긴 곳에서는 유령처럼 '고요'만이 태어난다. 모든 방향의 선회는 침묵의 순간을 지나간다.

고요의 간이역

창의적인 역량을 기르는 것을 목적으로 학생들을 모은 적이 있다. 그 학생들에게 역진(逆進)의 충동을 끌고 나가는 강한 기운을 갖게 해주고 싶었다. 반역의 기운이다. 그런 충동적 기운을 배양할 목적으로 구성된 프로그램 가운데 '걷기 명상'이 있다. 모든 학생들이 함께 5시간 정도를 걷는다. 핵심은 1시간 정도를 빼서 '묵언(默言)' 하는 시간을 갖는 것이다. 아무 말 없이 걷는다. '고요'를 경험해보라는 것이다. 뜨거운 모랫바닥에 머리를 처박도록만 훈련된 사람들에게는 함께 어울려 부산스러운 잡담을 나누는 일이 더 익숙하고, '침묵'은 큰 곰을 어깨에 앉혀놓고 걷는 것보다 어렵다.

그러나 '침묵'의 시간을 지나 한 번 전진과 역진 사이의 교차점에서 고요를 경험해본 사람은 그 '신비한 유령'을 피하지 못한다. 그것은 '마법의 양탄자' 같아서 '고요'를 경험한 그 사람을 새로운 어딘가로 반드시 데려간다. 그 사람은 가는 내내 알 수 없는 힘을 발휘하며 새 길을 낸다. 이것이 '고요'의 힘이다. 원래 있었던 것이라도 이제는 더 이상 원래의 것이 아니다. 전혀 다른 어떤 것으로 재탄생하여 현현한다. 잡담과 부산스러움을 극복하고 원래 있었던 것의 감춰진 진실을 등장시킨다. 새로운 세상을 여는 일이 시작되는 것이다.

저 멀리 산이 있다고 하자. 사람들은 그 산을 고압선을 놓을 자리로도 보고, 돌을 캘 곳으로도 보고, 산삼을 감추고 있는 곳으로도 보고, 전원주택을 지을 곳으로도 본다. 그러나 그것들은 모두 산의 진실이 아니다. 그렇게 보는 그 사람의 진실일 뿐이다. 조작된 것이다. 잡다하고 폭력적인 '소유'적 발상일 뿐이다. 산의 진실은 고압선이나 돌이나 산삼이나 전원주택으로 보는 시각이 끊긴 곳에서 드러나는 그 무엇일 뿐이다. 그런 잡다한 시각이 끊긴 곳에서 '고요'가 유령처럼 등장한다. 그 고요의 유령만이 감춰진 산의 진실을 영접할 수 있다. 그 사람은 산을 어떤 특정한 소유적 시각으로 제한하지 않고 그저 한마디 할 뿐이다. "산은 산이고, 물은 물이다." 산의 진실은 우리가 정하지 않고 산이 스스로 드러낸다. 드러나는 그것은 산을 산이게 하는 것으로서 산에만 있는 성스러움이다. 이 성스러움은 고요에서만 등장한다. 당연히 고요는 또 외부의 성스러움을 영접할 수 있는 준비이다. 그런데 '고요'로 외부의 성스러움을 받아들여 본 사람은 또 자신의 성스러움을 깨우지 않을 수 없게 된다.

앞에서 얘기한 바와 같이, 이탈리아에 가서 메디치 가문을 보고 온 부자들이 많다. 메디치 가문에 대해서는 이탈리아 사람보다도 더 많이 알기도 한다. 세 번을 보고 왔다는 사람도 만난 적이 있다. 그들은 메디치 가문을 보고 이해하는 대열 속에서 계속 경쟁적으로 '전진'한다. 그런데 메디치 가문을 세 번이나 보고 와서 그 사람은 무엇이 달라졌는가. 메디치 가문에 대한 지식이 증가한 것 외에는 아무런 변화가 없다. 메디치 가문을 구경하는 '전진'만 있었지 '역진'으로 선회할 '고요'를 경험하지 못했기 때문이다. '고요'를 경험하면 '역진'으로 선회하여 내가 내 나라에서 할 수 있는 메디치 가문 같은 역할은 무엇일까를 고민한다. 이 반성만이 그를 다시 태어나게 할 수 있다. 그가 다시 태어나면서 그가 속한 사회도 비로소 달라진다. '전진'하던 사람들끼리 공유하던 문법과 언어의 잡다한 고리를 끊고, 스스로 무리에서 이탈하여 고독 속으로 자폐하는 것이다. 그 자폐의 통증을 동력 삼아 '역진'하여 그는 아직 열리지 않은 새 세상의 문고리를 잡는다. '역진'의 기운이 꿈틀대는 '침묵' 속에서 삶이 확장성을 회복한다. 자신의 감춰진 성스러움이 서서히 현현한다. 이제 무엇인가를 하거나 만들어서 변화를 야기하는 가장 인간적인 인간이 되는 것이다. 인간을 인간으로 활동할 수 있게 해주는 바로 그 힘은 인간에게는 성스러움 그 자체다. 그러니, 인간은 '고요'의 순간에 충분히 성스러워질 수 있다. '고요'는 스스로를 성스럽게 하는 힘이자 외부의 성스러움을 영접하는 장치다.

장자는 「대종사」에서 말한다.

참된 인간(眞人), 즉 무엇인가 만들어서 변화를 야기하는 인간, 창의적 인간, 모험하고 도전하는 인간의 모습은 고요하다. 외부 세계를 소유적 시각으로 제한하지 않으니 어디에 갇혀 있는지 알 수가 없다(是之謂眞人 其容寂 … 與物有宜 而莫知其極).

참된 인간은 고요하게 침묵을 지나간다. 침묵은 자신의 성스러움을 드러내며, 외부의 성스러움을 영접한다. 여기서 위대함이 자란다. 새 세상을 꿈꾸는 자, 우선 침묵하라. '고요'를 경험하라.

감동과 호기심이 넘치는 사람

철학과 음악의 만남

어느 날, 부산에 사는 분에게 전화가 왔다. 부산 심포니오케스트라 지휘자인 그는 내가 쓴 『인간이 그리는 무늬』라는 책을 읽고 마음속에 일어나는 무언가가 있어서, 날을 잡아 서울로 왔다고 한다. 세 시간 정도 이야기를 나누던 도중에, 그는 "왜 음악을 할까요?"라고 물었다. 그는 자신이 왜 음악을 하는지 모르겠다고 했다. 그때 『논어』 「태백」편의 한 구절이 떠올랐다.

> 시를 통해 감흥하여 일어나고(興於詩)
>
> 예를 통해 세상에 서며(立於禮)
>
> 음악을 통해 완성한다(成於樂).

음악이란 소리의 예술이다. 음악을 통해서 완성의 단계에 이르는데, 공자는 소리보다 먼저 시(詩)와 예(禮)를 제시한다. 시란 지성의 최고 높은 단계이고 예는 태도의 최고 높은 단계이다. 음악은 지성과 태도가 가장 높은 단계에 이른 이후에 완성의 경지를 경험하게 해준다.

시와 가까이 있는 것이 철학이며, 철학에서는 예를 윤리학의 범위 안에 넣을 수 있다. 하지만 철학은 점차 추상적으로 발전하면서 감동이 만들어지는 계기를 축소시켰다. 지성의 최고 단계를 시와 철학이라 하지만 시와 철학에서 감동이 결여되면 결국은 창백한 이론 체계만 남는다. 이렇게 되면, 철학적인 이론의 논변구성에만 관심을 두고 철학적으로 사는 일에는 관심을 두지 않게 된다. 윤리학자는 윤리학 이론의 논변구성에만 관심을 가지면 되지 꼭 윤리적으로 살아야 하는 것까지는 아니라는 말도 당당하게 하는 정도로 지성이 후퇴하기도 한다. 앎과 삶 사이에 큰 틈이 생기지 않을 수 없다.

철학은 율동감과 육질을 회복할 수 있게 해주는 음악을 필요로 하고, 음악은 지성의 세례를 필요로 한다는 의견을 나눴다. 결론적으로 철학은 음악의 충격을 받아야 하고 음악은 철학적인 자극이 필요하다는 뜻이었다. 결국 우리는 철학과 음악을 만나게 해보자고 의기투합하여 철학의 대표자로 노자를 내세우고, 음악의 대표자로 베토벤을 내세워 '노자와 베토벤'이라는 이 세상에 없던 음악회를 기획하게 되었다. 이 공연은 2017년부터 시작하여 지금까지 계속되고 있다.

감동은 자기 전체가 움직이는 것이다

지적 활동에서 가장 기초적인 단계는 논변이나 논증이다. 자신의 관점을 논변으로 구성하여 논증해내는 것이 논문이다. 이런 논문을 정당화하는 절차가 심사인데, 그것을 디펜스(defence), 즉 방어라고 부른다. 논변, 논증, 논문에서는 주로 공격과 방어의 기제가 작동한다. 무너지지 않으려는 자와 무너뜨리려는 자 사이의 경쟁이다. 무너지지 않으려면 방어기제가 빈틈없이 치밀해야 하고, 무너뜨리려 해도 빈틈없이 철저하게 준비해서 공격해야 한다. 여기서는 서로 틈을 허용하지 않으려고 개념들을 치밀하게 조직하는 것이 중요하다. 이런 공격과 방어의 빈틈없는 상황 속에서 감동이 만들어질 빈 공간은 허용되지 않는다.

「거짓말에 관한 존재론적 고찰」이라는 논문이 있다고 치자. 어떤 사람이 이 논문을 읽고 감화되어 거짓말하는 버릇을 고칠 수 있을까? 어려울 것이다. 하지만, '피노키오 이야기'를 읽고 나서는 거짓말하는 버릇을 고칠 수도 있다. 최소한 거짓말하는 버릇을 고치는 일이 일어날 가능성은 논문보다는 피노키오라는 이야기를 읽고 난 후가 훨씬 크다는 것은 다 인정할 것이다. 논문에는 빈틈이 없어야 한다. 반대로 이야기에는 빈틈이 있다. 이야기에는 논문에서 허용되지 않는 빈틈이 반드시 있어야 한다. 이야기꾼은 이 빈틈에 독자나 청자를 환대한다. 이야기 속에 마련된 빈틈 안으로 들어온 독자나 청자는 거기서 작자나 화자와 공명한다. 논문에서는 상대방을 적대시하며 배타적으로 대하지만, 이야기에서는 상대를 환대의 대상으로 삼아 이야기를 만들며 함께 논다. 논문에서 감동하기 어려운 일이 이야기에서 훨씬 쉬워지는 이유다.

인간은 신의 세계에서 이탈하여 인간만의 문명을 일구며 사는데, 신의 세계에서 이탈할 때 소리를 남겨놓고 맨몸으로 내려와 문자를 만들었다. 문명이 주로 문자로 이뤄졌음을 보면 쉽게 이해할 수 있다. 인간의 문명은 문자가 중심이고, 신의 세계는 소리가 중심이다. 그런데 인간 가운데 몇 명은 인간 세계에 적응하는 것보다는 신의 세계를 그리워하는 일에 더 바쁘다. 신의 세계를 그리워하는 사람들은 논변이나 이야기보다는 소리 쪽으로 더 기울어져 있다. 그들은 인간의 문자를 사용하면서도 소리를 포기하지 못하고, 문자들 사이에 기어이 소리를 심으려 한다. 인간의 고향이었던 신의 세계에 대한 그리움이 특히 강한 사람들, 바로 시인들이다. 이야기보다 더 높은 단계는 시(詩)이다. 여기서 더 높은 단계를 따지는 기준으로 경제력이나 지식이나 권력 등을 사용하지 않는다. 오직 감동의 격조나 크기 혹은 지속성만을 가지고 하는 말이다. 듣는 사람에게 공간을 허용하여 일정 부분 감동을 제공하던 이야기꾼이 감동의 완전성에서 미진함을 느끼면 문자와 문자들 사이를 다양하게 벌려서 거기에 다양한 소리를 심는 시도를 한다. 독자를 배려하느라고 마련한 공간에 소리가 심어지면 공명의 정도는 그만큼 커지고 강해진다. 그래서 훈련된 지성이 시적 충격을 받으면, 어떤 부귀영화에도 눈길 한 번 주지 않고, 자신만의 질서를 창조해내며 그 길을 미련하게 걷게 되는 것이다. 설령 그 길을 걷다가 인간 세상에 적응하지 못하고 도태되는 모습이 되더라도 포기하지 못한다. 감동은 그만큼 힘이 세다.

문자도 거추장스러워하다가 결국 문자를 포기하고 바로 소리의 세계로 진입하면 음악이다. 종교 의례에서 주된 것은 음악이다. 음악은 해석이나 이해 등의 간섭이 없는 상태에서 바로 감동을 생산할 수 있다. 문자를 넘어서 있기 때문이다.

학생들에게 생각이 풀리지 않고, 고민이 깊어갈 때는 혼자 오랫동안 걸어보라고 말한 적이 있다. 나는 교수 생활을 할 때도 학생들에게 이 방법을 많이 알려줬다. 나도 고민이 있거나 생각이 풀리지 않을 때는 무작정 걷는데, 그러면 의외로 수월하게 생각이 정리되곤 하였다. 나는 가만히 앉아서 생각하는 것보다 걸으면서 생각하는 것이 더 효과적이라고 믿는다. 물론 맞을 수도 있고 맞지 않을 수도 있는 말이지만, 내가 긴 시간 동안의 경험으로 믿게 된 것이기 때문에, 생각이 풀리지 않고 고민이 깊어갈 때는 혼자 오랫동안 걸어보라고 학생들 앞에서 말한 것이다. 10여 명의 학생들에게 이 말을 했는데, 한 학생이 내 말을 그대로 믿고 4일 동안 혼자 먼 길을 걸었다. 왜 그 학생은 내 말을 듣자마자 바로 다음 날 걸어서 먼 길을 떠났을까? 어떻게 머리로 이해한 말을 따라 자기 몸을 움직일 수 있었을까? 그는 그와 나 사이에 존재하는 빈틈으로 들어와 나의 이야기에 참여하면서 감동하였기 때문이다.

교육의 효과가 최종적으로 드러나는 모습은 변화가 일어났느냐 일어나지 않았느냐 하는 점에 있다. 변화를 일으키는 힘은 이해 자체에 있지 않다. 그 이해가 어떤 동작으로 이행되려면 자기 전체를 움직이는 힘이 필요한데, 나는 그것을 감동이라고 본다. 학생과 나 사이에 호감이 지속되고, 신뢰가 쌓이면 감동이 생길 가능성은 더 커진다. 교육자로 사는 사람들이 학생들의 신뢰를 얻는 데 방해가 되는 언행을 하지 않아야 하는 이유이다. 나는 성직자나 부모도 마찬가지라고 생각한다. 신뢰를 쌓는 데에 방해가 되는 언행을 하면, 신뢰가 충분한 관계를 형성하지 못하고, 그 관계에서는 감동이 만들어지지 않고, 감동이 만들어지지 않으면 감화력을 발휘할 수가 없다. 의미를 드러내는 데에 장기가 있는 한자(漢字) 모양을 놓고 보더라도, 감동(感動)은 머리나 가슴 등 어느 한 부분이 하는 일이 아니라, 자기(心) 전체(咸)가 움직이는(動) 일이다. 어떤 말이나 어떤 대상에 대해서 깊게 감동하면 신도 말리지 못한다. 자기 전체를 움직이는 힘을 받기 때문이다. 특히 자신이 자신에게 감동하면, 삶 자체가 기쁨이며, 열심히 해야겠다는 결심을 하지 않고도 자연스럽게 몰입할 수 있게 된다. 우선 실험적으로 자신을 자신에게 설명하는 일을 시작해보자. 하나하나 자신을 자신에게 설명하고, 설명하는 자신과 설명을 듣는 자신 사이에 신뢰가 쌓이면서 자신이 개선되고 점점 단단해지는 느낌을 스스로 받을 수 있다. 이런 개선의 과정을 자신이 느끼면, 어느 단계에서는 자신이 자신에게 감동할 수 있다. 짧은 인생에서 이렇게 감동할 수 있다면, 온 우주가 지성으로 내리는 축복으로 여겨지지 않을 수 없을 것이다.

용기, 모험, 도전, 분노! 그것은 감동의 결과

이 세상은 크게 둘로 이루어져 있다. 하나는 인간이 만든 문명이고 다른 하나는 인간이 만들지 않은 자연이다. 문명을 만드는 인간의 활동이 문화이고 그 결과가 문명이다. 문화는 무엇을 하거나 만들어서[文], 변화를 야기하는[化] 인간의 근본활동이다. 무엇을 만들어서 변화를 야기하는 인간의 상태를 자유롭다, 독립적이다, 주체적이다,라고 표현하고 누군가 만들어서 야기해놓은 문화를 수용하는 단계를 종속적이라 한다. 우리나라의 문명은 아직까지는 종속적이다. 나는 이제 우리의 종속적 문명을 독립적이고 자유로운 문명으로 상승시켜야 한다고 생각한다. 이 상승을 문화국가로 건너간다고 말할 수도 있고 선도국으로 간다고 할 수도 있고 철학적이고 인문적인 높이로 건너간다고도 할 수 있다. 어떻게 말하든 종속적 단계에서 자유로운 단계로의 상승이다. 자유로운 단계는 없는 것을 꿈꾸는 단계이며 없는 것을 꿈꾸는 인간의 활동을 도전 혹은 용기 아니면 모험이라고 한다. 문명은 결국 용기의 결과이고 모험의 결과이다.

그렇다면 도전, 모험, 용기가 발휘되는 근본은 어디일까? 우선은 불편함이나 문제점을 발견하고 분노하는 일일 것이다. 누군가가 김밥 집을 연다고 했을 때, 본인이 여기저기 다니며 김밥을 먹어보다가 맛이나 재료에서 자기 기준에 맞는 김밥을 만나지 못한데 분노를 느끼고 직접 만드는 것이 낫겠다고 떨쳐 일어나는 경우에는 성공할 확률이 높다. 김밥을 먹다가 '왜 이렇게밖에 만들지 못하지?' 하고 화를 내본 사람, 김밥을 먹고 실망해본 사람, 그들이 차린 김밥 집은 성공할 가능성이 크다.

공자가 『논어』 「술이」편에서 말한다. "분발하지 않으면 깨우쳐지지 않고 답답해하지 않아도 깨우쳐지지 않는다(不憤不啓, 不悱不發)." 여기서 '분발'과 '답답해함'은 분노에 가까운 문제점을 발견한 후에, 그것이 마음속에서 해결되지 않았을 때 생기는 심리현상이다. 이러한 심리현상 속에서 이제는 그 문제를 해결하겠다는 마음을 먹고 덤비느냐, 즉 도전하느냐 하지 않느냐만 결정하면 되는데, 해결하겠다고 결정하고 도전하는 사람들만 해결하는 지혜를 얻을 수 있다. 도전하는 용기를 내지 않으면 해결하는 지혜를 가질 수 없다.

용기, 모험, 도전이 일어나는 핵심적인 출발장소는 문제의식을 느낀 마음이다. 그런데 문제의식을 느낀 모든 사람이 문제를 해결하려고 덤비는 것은 아니다. 누구는 해결하려고 덤비지만 누구는 피해버리기도 한다. 해결하려고 덤비는 사람은 자신이 문제의식에 긍정적으로나 부정적으로나 '감동'한 것이 분명하다. '감동'이라는 절차가 없이는 몸이 움직여지기 어렵다. 이 세계를 느끼는 내면의 어떤 특별한 활동성, 즉 감동이 없으면 잘해보고자 해도 잘할 수 없다.

여러분이 결혼해서 아이를 낳아 기르다 병으로 잃었다고 가정해보자. 그 심정을 글로 표현한다면 어떻게 할 수 있을까? 폐결핵으로 아들을 잃은 마음을 표현한 정지용의 「유리창」이란 시를 염두에 두고 학생들에게 물어본 적이 있다. 나와 눈이 마주친 한 학생이 아무 말도 하지 않았다. 다른 학생과도 눈을 마주쳐보았다. 역시 아무 말도 하지 않는다. 그래서 재차 물었더니 "제가 아직 준비가 덜 되었습니다"라고 말한 뒤 "열심히 하겠습니다"라며 머리를 긁적였다. 인생의 모든 순간은 다 실전이다. 미리 준비하며 살 수 없다. 준비라고 포장하지만 준비 그 자체도 다 실전이다. 모든 순간은 다 그 순간 자체로 완결성을 가져야 한다. 어떤 한순간을 다른 순간을 위해 희생하도록 강요할 수는 없다. 우리는 매 순간을 잘 살기 위해서 몸부림을 치는 것이다. 그런데 한가하게 준비한다? 질문이 주어질 때 감동할 준비가 되어 있는 사람은 그 순간에 자기 수준, 욕망, 희망에 맞추어 어떤 대답이라도 할 수밖에 없다. 어떤 반응이라도 과감하게 하는 태도가 바로 일생을 실전으로 대하는 태도이다. 실전으로 대하는 태도가 배양되어 있지 않으면 항상 주저하고 유보한다. 주저하고 유보하는 태도를 가진 사람들은 "열심히 하겠다"는 결심만 반복한다. 감동의 통로가 아직 열리지 않은 사람들은 배우고 준비한 것만 할 수 있다. 그래서 적절한 반응이 잘 나오지 않은 상황에서는 쉽게 "준비가 덜 되었습니다"라고 답한다. 인생을 어떻게 준비만 하고 살 것인가, 매 순간이 항상 최고조여야만 한다. 무슨 일을 하면서 열심히 해야겠다고 결심해야만 그래도 조금이나마 몸이 움직여진다면, 그 일은 자신의 일이 아닐 수 있다. 스스로 자신에게 감동해서 선택한 일이라면 굳이 열심히 해야겠다고 결심하지 않아도 몸이 자연스럽게 움직이고 몰입하게 된다.

감동하는 사람이 원하는 사람

무슨 일이든지 출발은 항상 감동에서 시작해야 한다. "열심히 하겠습니다"라고 자주 결심하는 사람은 자기가 무엇을 원하는지 모르는 사람일 가능성이 크다. 준비되지 않았다고 말하는 사람은 자기가 원하는 것으로 휩싸이지 않은 사람이다. 원하는 것이 강하면 인간은 예민해질 수밖에 없고 예민하면 감동, 즉 세계에 대한 직접적이고 전 인격적인 접촉이 일어날 수밖에 없다. 감동이 일어날 수밖에 없는 전인격적 근본 장치를 호기심이라고 한다.

호기심이 있느냐, 없느냐가 국가의 운명도 결정한다. 우리나라는 독립국가라고 다들 이야기한다. 그리고 독립국가여야 하고 계속 그래야 한다. 그런데 중국은 한국에 대해 '너희는 원래 우리 것이었어!'라는 인식을 가지고 있는 듯하다. 2017년 4월 19일의 연합뉴스에 의하면, 미국 트럼프 대통령이 월스트리트와의 인터뷰에서 말하기를, 시진핑 중국 주석이 중국과 한반도의 역사에 대해 설명하면서 한국이 사실 중국의 일부였다고 말했다고 한다. 미국 온라인 매체 쿼츠는 "한국을 격분하게 만들 일"이라고 지적했지만 한국에서 격분하는 분위기는 별로 없었다. 자주(自主)와 정의(正義)를 훼손하는 어떤 사안에 대해서 즉각적으로 강하게 저항하며 시위를 하던 사람들 누구도 이 일에 대해서는 입을 다물었다. 왜 그럴까?

1894년에 일어난 청일전쟁에서 일본이 이기고 1895년에 일본과 청나라 사이에 시모노세키조약이 체결되었다. 제1조 조문은 "청(淸)은 조선이 완전무결한 자주독립국임을 확인"하는 것으로 시작한다. 일본이 '조선은 독립국'이라는 조항을 넣은 것은 중국과 조선의 관계를 끊고 일본이 조선을 침략해도 중국의 자동개입을 차단하기 위해서였다. 조선을 지배하기 위해서 조선을 독립국으로 만들었던 것이다. 조선을 자주독립국으로 만드는 일은 훨씬 전부터 있었다. 1875년 9월, 일본은 운요호를 앞세워 강화도를 공격한다. 1876년 2월에 이 사건의 해결을 빌미로 하여 조일수호조규, 즉 강화도조약을 맺는데, 이 조약의 첫째 항목도 역시 '조선은 자주국'임을 천명한다. 시모노세키조약 이후로 조선의 지식인들은 "이제는 조선이 독립됐구나!"라면서 독립협회를 만들고 중국 사신을 만났던 영은문을 부수고 그 자리에 독립문을 세웠다. 1897년에는 대한제국을 선포하고 고종을 황제로 만든다. 하지만 얼마 되지 않은 1910년에, 한일강제병합이 이루어졌다.

1543년 9월, 일본 가고시마 항 남쪽으로 배를 2시간 정도 타고 가면 나오는 다네가시마라는 작은 섬에 포르투갈 상선이 표류해왔다. 열다섯 살의 도주 도키타카는 그들로부터 화승총 한 자루를 선물로 받는데, 거기에 그치지 않고 그는 한 자루를 사서 대장장이 야이타로 하여금 본떠서 만들게 하였다. 그래서 일본은 자신들이 직접 조총을 만들 수 있게 되었다. 당시 일본 사람들은 자신들과는 다른 포르투갈 사람들을 알려고 노력한다. 1653년, 조선에 네덜란드 상선이 표류하였다. 인원은 36명이었고, 그중에 하멜이라는 청년도 있었다. 그 배에는 대포와 조총 등이 가득 실려 있었고, 항해 전문가와 무기 전문가들이 있었지만, 조선의 그 누구도 이런 문물에 관심을 표하지 않았다. 시간이 흘러 살아남은 여덟 명이 일본의 나가사키로 도망갔다. 그 후 하멜은 네덜란드로 돌아가 자신이 조선에 머무는 동안 받지 못한 임금을 받기 위한 증빙자료로서 조선에 대한 기록을 남겼다. 그것이 『하멜표류기』다. 그 당시 일본은 나가사키에 네덜란드 상인 구역을 만들고 네덜란드와 상업을 하고 있었다.

왜 조선은 이방인들이 왔을 때 그들이 가지고 온 기술을 배우려는 시도조차 하지 않을까? 호기심이 없었기 때문이다. 조선은 계속 자기가 알고 있고 자기가 가진 정답이었던 주자학으로만 세계를 관리하고 받아들이고 있었다. 하지만 일본은 유교 경전을 읽으면서도 그것을 정답으로 적용하지 않고 호기심을 더 앞세웠다. 아직도 우리나라는, 지적 영역에 있는 사람이나 아닌 사람들이나 다 호기심을 발동시키는 데 초점을 맞추거나 감동을 구하지 않는다. 단지, 이미 가지고 있는 정답을 적용하는 데에만 더 열심이다.

정답으로 간주되는 특별한 이념을 숭배하는 삶을 오래 살다 보면, 정답을 수행하는 당위만 강해지고 자신의 생존에 필요한 핵심 가치나 존재의미는 살피지도 않는 바보가 되기 쉽다. 그래서 생각하는 능력까지도 퇴화된다. 국가 간의 관계 문제에 있어서도 생각하는 능력이 있다면, 우선 가장 근본적인 문제를 놓치지 않는다. 상대국이 우리의 영토와 문화와 역사를 존중하는지 존중하지 않는지를 가장 근본적인 문제로 다루어야 한다. 사회주의와 같이 이념화된 특정한 정답을 가지고 덤비면, 상대 나라가 우리의 역사나 문화, 영토를 욕심내는 데도 거기에 주의를 기울이지 않고 '정답'만을 건지려 하기 때문에 결국은 우리의 생존을 위협받는 지경에까지 내몰리게 되는 것이다.

감동이란 결국 '너는 누구냐?' '네가 너냐?'라는 질문으로 돌아간다. 이 질문은 '너는 다른 사람들이 만들어놓은 이론을 정답으로 신봉하고 수행하는 사람이냐?' 아니면 '너만의 호기심으로 가득 차서 세계와 감동을 매개로 관계하고 있느냐?' 하는 의미이다. 자기의 호기심으로 감동을 행사하는 사람은 거칠고 투박하지만 자유롭고 독립적이며, 주체적일 수 있다.

제4부

건너가는 시선

공동체의 평화를 말하면서
정작 나라의 힘을 키우는 데 소홀하다가는
그 평화 한 조각도 자신의 땅 위에 세우지 못할 것이다.
나라를 걱정하면서 부국강병을 말하기
어려워하는 사람은 다 가짜다.

배를 타고 건너가기, 70×135cm

야수의 시선

철학을 한다는 것

『탁월한 사유의 시선』을 출간하고 나서 나온 몇 가지 반응들이 나를 상념에 들게 한다. 철학자가 중진국을 넘어 선도국으로 올라가자는 말을 하는 것을 불편하게 받아들이는 것도 그 가운데 하나다. 지식은 인간이 세계를 이해하고 관리하고 통제하기 위해서 만든 고효율의 추상 장치인데, 철학은 지적 활동 가운데에서 가장 높은, 가장 추상적인 장치이다. 철학과 비슷한 높이에 수학, 예술 등이 있다. 우리나라에서는 그동안 철학을 추상적 이론으로만 간주해왔다. 철학을 생산한 것이 아니라 수입하였기 때문이다. 철학이 생산되는 바로 그 순간만큼은 육체적이고 역사적이다. 거기에는 피 냄새, 땀 냄새, 아귀다툼의 찢어지는 음성들, 긴박한 포옹들, 망연자실한 눈빛들,

바람 소리, 대포 소리가 다 들어 있다. 망연자실한 눈빛들 속에서 쓸쓸하지만 강인한 눈빛을 운명처럼 타고난 한 사람이 역사를 책임지려 앞으로 튀어 나가면서 인간으로서 발휘할 수 있는 가장 높은 단계의 시선을 써서 하나의 철학 이론이 태어난다. 이처럼 철학 생산 과정에는 역사에 대한 치열한 책임성과 헌신이 들어 있다. 우리가 배우는 플라톤, 데카르트, 마르크스, 니체, 공자, 노자, 고봉 기대승, 다산 정약용이 다 그랬다.

철학 수입자들에게는 애초부터 육체적이고 역사적인 울퉁불퉁함이 지적 사유 대상이 되기 어렵다. 그런 울퉁불퉁함은 특수하다. 공간과 시간에 갇혀 개별적 구체성으로만 있다. 이런 개별적 구체성에서 잡다하고 번잡한 것들이 모두 제거되고 나서 보편 승화의 절차를 거친 다음에 창백하고 추상적인 이론으로 겨우 남는 것이다. 당연히 철학 수입자들은 창백한 이론을 진실이라고 하지, 울퉁불퉁한 역사와 육체를 진실이라고 하기 어렵다. 그들은 사유를 사유하려 들지 세계를 사유하려 들지 않는다. 이와 달리 철학 생산자들은 직접 세계를 사유한다. 사유를 사유하지 않는다. 철학을 한다는 것은 자신이 서 있는 곳에서 구체적이고 특수한 울퉁불퉁한 것을 보편으로 승화하는 일이지, 다른 데서 생산된 창백한 보편을 가져와 그것으로 자신의 울퉁불퉁함을 재단하는 일이 아니다.

울퉁불퉁함이란 선도국 시민으로 사느냐 후진국 국민으로 사느냐, 독립적으로 사느냐 종속적으로 사느냐, 전략적으로 사느냐 전술적으로 사느냐, 주인으로 사느냐 노예로 사느냐, 영혼의 높이에서 사느냐 그 아래서 사느냐 하는 문제들이 다양한 굴곡을 그린 것이다. 수입된 창백한 이론을 내면화하거나 자세히 따지는 것을 철학 활동으로 알고 있는 사람에게는 선도국이니, 독립이니, 주인이니, 종이니 하는 것이 철학으로 받아들여지기 어렵다. 그들에게는 이데아니, 정신이니, 물질이니, 초인이니, 도(道)니, 기(氣)니, 인(仁) 같은 것들만 철학이다. 그러다 보니 이 땅에서도 주자학을 닮은 것만 철학이라 하고, 동학 같은 자생적 고뇌는 철학으로 치지도 않는 자기 비하가 오히려 당당해지는 지경이다. 자신의 삶을 철학적으로 다루지 않고, 기성의 철학 이론으로 삶을 채우려고만 한다. 그래서 자기 삶을 철학적으로 살려는 도전보다는 천년이 두 번 이상이나 지난 지금도 공자나 노자처럼 살려 하고, 플라톤이나 니체를 살려내려고 한다. 자기도 버리고, 자신의 역사도 버린다. 자기를 플라톤화, 마르크스화, 공자화, 노자화하려 하지, 플라톤이나 노자를 자기화하지 못한다. 이런 사람들은 자신의 구체적인 삶의 현장을 철학화하지 못하고, 정해진 철학을 이념화해서 그것으로 자신의 삶을 재단하고 평가한다. 쉽게 이념이나 신념에 빠진다. 스스로 문제를 발견해서 해결하려는 야성을 잃고, 남이 정해준 정답을 찾아 얌전히 적용하려고만 한다. 결국 세련되고 정밀한 이론이 그들의 구세주다. 아직 거칠고 정리되지 않은 자신의 현실은 깎여야 할 미숙한 어떤 것일 뿐이다. 세련되고 정밀한 이론은 그들을 매혹시킨다. 그래서 절절한 마음으로 기꺼이 그것의 충실한 종이 된다.

눈 어두운 사람의 시선

종은 지켜야 할 것이 많다. 지켜야 할 그것을 자신이 만들지도 않았다. 자신이 만들지 않은 기준으로 자신의 삶을 인도하는 모순적 상황은 내면의 불균형을 가져온다. 그 분열적 상황을 이겨내는 방법이 있다. 선명성과 불타협의 철저함을 발휘하여 마치 주인인 것처럼 자기기만을 해낸다. 목에 힘줄을 세우고, 눈에 핏발을 감추지 않으며, 팔뚝을 휘젓고 목소리를 높인다. 타협이 없는 선명성을 내세워 진실한 주체로 드러나려 하지만, 아무리 해도 자신이 얼마나 충성스러운 종인가만을 드러낼 뿐이다. 이는 눈 어두운 사람들끼리는 알 수 없다. 눈 밝은 사람은 안다.

하나의 이념을 신념처럼 가진 사람은 이 세상을 모두 참과 거짓이나 선과 악으로 따지기 좋아한다. 그런 사람에게는 자신에게서 종교화된 그 이념에 맞지 않느냐가 가장 중요하다. 거기에 맞으면 선이고 맞지 않으면 악이다. 기준에 맞으면 참이고, 맞지 않으면 거짓이다. 선과 악을 따지는 습관에 빠져 쉽게 도덕주의자가 된다. 도덕적 판단에 익숙해지면, 열심히 규제를 만든다. 세계가 새로운 유형의 산업으로 재편되는 데에도 온 나라가 규제로 가득 차서 움직이질 못한다. 새로운 세계를 구시대의 규제로 다루고 있다. 바보짓을 하면서도 워낙 확신에 차 있어서 윤리적 부담은 전혀 없다.

4차 산업혁명에 접근하면서도 우선 윤리를 앞세운다. 인공지능으로 야기되는 기존 직업의 상실 문제나 로봇에 대해서 인간은 어떤 윤리적 태도를 가져야 하는가 하는 점들을 4차 산업혁명에 어떻게 올라탈 것인가를 궁리하는 것보다 먼저 제기하는 것도 다 도덕주의자의 한 모습이다.

우리는 선악의 문제를 다뤄야 진실하게 사는 느낌이 들도록 훈련받았기 때문에, 해당 사건의 주도권을 갖지 못하더라도 당장은 윤리 문제를 앞세우는 것이다. 자기 착각이거나 자기 착시다. 구체적인 현장에서 구체적인 사건이 펼쳐지고 나서야 윤리가 있다. 주도권을 가지고 앞서가는 문명은 다 이렇게 한다. 거친 야성이 먼저 있고 나서야 순하고 질서 잡힌 행위가 요청되는 것이다. 드론 시장을 규제할 윤리가 필요할 정도로 시장을 키워놓지도 않은 상황에서 그것을 먼저 윤리적(규제적)으로 다루다가 드론 시장에서 주도권을 상실했다. 윤리적 주도권보다 시장의 주도권이 더 세고 중요하다. 윤리는 시장 성숙 다음의 일이다. 이 말이 나쁜 말로 들리면 전략적이거나 선도적인 높이를 아직 모르거나 거기에 서본 경험이 없어서다. 선한 규제가 악을 생산한다. 이런 맥락에서 노자도 지켜야 할 것이 적어야 한다고 말했다.

하늘의 그물은 구멍이 촘촘하지 못해 엉성하지만 오히려 빠져나가지 못한다(天網恢恢 疏而不漏).

규제가 적어야 오히려 제대로 된 효과를 낸다는 말이다.

『장자』「변무(騈拇)」편에 나오는 대목 하나. "곡선이나 동그라미를 그리는 그림쇠, 직선을 긋는 먹줄, 네모꼴을 만드는 곱자를 들이 대면 본래의 활동성이 손상된다. 밧줄이나 갖풀이나 옻칠로 세상을 꼭 묶거나 고정하면 세상이 제대로 전개되지 못한다." 여기서 그림 쇠, 먹줄, 곱자, 밧줄, 갖풀, 옻칠은 모두 윤리적 신념이나 규제들이다. 윤리적이고 도덕적인 신념을 세상에 선제적으로 부가하는 한, 세상의 효율성은 극도로 약화된다는 뜻이다. 윤리적이고 도덕적인 잣대를 먼저 가져다 대면, 세상의 전개가 위축된다. 게다가 윤리 관념이 상대에 따라 유동적으로 쓰인다. 칼을 의사가 잡으면 생명을 살리고 폭력배가 잡으면 생명을 상하게 하는 예는 너무 단순하다. 윤리 도덕은 선과 악을 임의로 나눌 뿐이다. 이곳에서 정의가 저기서는 불의다. 국민을 위한다는 명분으로 행하는 선이 결국은 해가 되기도 한다.

어디선가 강의를 하고 나니 주최자가 청중들에게 강의 내용을 정리하기 시작했다. 나는 선진과 창의와 독립과 모험심 등등을 연결하는 강의를 했다. 주최자에게는 선진이라는 말이 거슬린 듯했다. "교수님께서 말씀하신 선진은 경제적이고 군사적인 의미가 아니라 도덕적이고 윤리적인 의미에서의 선진일 것입니다. 그리고 우리는 꼭 선진국이 될 필요가 있는지 생각해봐야 합니다. 후진국이 차라리 더 가치 있고 행복할 수 있습니다." 나는 분명히 선진에 경제적이고 군사적인 의미를 담았다. 심리적인 평안을 행복으로 착각하면 후진국이 선진국보다 더 행복하다고 말할 수도 있을 것이다. 그러나 행복은 존재론적 차원에서 해명되는 매우 고차원적인 품덕이다. 여기에는 자유, 독립, 창의, 주체 등등의 의미가 깊이 개입된다. 나는 후진국이 선진국보다 더 행복할 수 없다고 본다. 경제와 군사와 윤리와 도덕은 한몸이다. 윤리적 기준이나 이념을 가지고 윤리 영역 밖에 있는 것으로 보이는 것들을 적대적으로 대하는 한, 스스로 세상을 좁히는 결과를 가져온다.

『장자』「거협(胠篋)」편에 나오는 이야기다. "도둑질에도 윤리가 있다. 방 안에 무엇이 있는지 잘 알아맞히면 성스럽다 하고, 선두에 서서 먼저 들어가면 용기 있다 하고, 맨 나중에 나오면 정의롭다 하고, 도둑질에 성공할지 못할지를 미리 아는 것을 지혜롭다 하며, 분배를 공평하게 하면 인간답다고 한다." 윤리 도덕을 매개로 해서 성인과 도둑은 분리되는 것이 아니라 교차될 뿐이다. 선과 악도 분리되지 않고 교차한다. 장자의 얘기는 이어진다. "성인이 생기면 큰 도둑도 따라 생긴다. … 성인이 죽으면 큰 도둑이 일어나지 못하고, 천하가 평화롭고 무사하다. 성인이 죽지 않으면 큰 도둑이 없어지지 않는다. 비록 성인을 존중하고 천하를 다스린다 해도 결국 그것은 도둑의 우두머리인 도척(盜跖) 같은 인간을 존중하고 이롭게 하는 꼴이다." 성인은 윤리 도덕의 집행자고 사회를 효율적으로 만드는 주인공이다. 도척은 윤리 도덕의 파괴자로서 사회를 비효율로 몰고 가는 주범이다. 이것이 일반적인 인식이다.

장자는 좀 달리 말한다. 윤리 도덕의 내용을 담고 있는 규제가 많고 조밀할수록 선한 기풍과 효율이 커질 것 같지만 사실은 그렇지 않다는 것이다. 오히려 정반대다. 세상에 대하여 윤리적으로 접근하는 것이 습관이 되면 넓디넓은 이 세상에서 얼마나 좁고 비효율적으로 헤매게 되는지를 알아야 한다. 윤리 강령이나 윤리적 접근 같은 습관에 깊이 빠질 일이 아니다. 윤리도 스스로의 힘으로 지배해야 한다. 윤리를 지배할 정도로 함량을 키우는 일이 시급하다. 당연히 짐승처럼 과감하게 덤비는 것이 윤리적 인간이 되는 것보다 훨씬 실속 있다. 짐승처럼 덤비면 짐승이 되는 것이 아니라 오히려 큰 인간이 된다. 너무 인간적이면 자잘한 인간으로 남는다. 과거에 잡히지 않고 미래를 활짝 열기 위해 마음속에 야수를 한 마리 키우자.

신뢰의 시선

영국은 고고학의 선진국이다. 하지만 고고학적 유물은 이집트가 훨씬 더 많다. 하지만 국력으로 보면 영국이 이집트보다 더 부유하고 강한 나라다. 이것을 고고학적 유물을 가진 것보다 고고학을 가진 것이 더 세다는 말로 바꿔볼 수 있지 않을까? 유물은 보이고 만져진다. 지식과 이론으로 체계화된 고고학은 보이지도 않고 만질 수도 없다. 보이고 만져지는 것보다 보이지 않고 만져지지 않는 것을 가지는 것이 더 실속 있는 것이라 볼 수 있다. '학'은 '지식'과 '이론'이 특정한 대상과 방법으로 묶인 것이다. 여기서 지식과 이론의 힘을 알 수 있다. 유물은 구체적이고 현상적이다. 지식과 이론은 구체적이고 현상적인 것들을 설명해놓은 것이다. 그렇다면, 이렇게 말할 수도 있다. 구체적이고 현상적인 것들을 갖기보다 그것을 설명하는 능력을 갖추는 것이 더 이익이다. '학'을 가졌다는 것은 세계에 대해 높은 수준으로 설명할 수 있는 능력이 있다는 말과 같다. 이해해야 설명할 수 있다. 설명하는 능력은 바로 통제 능력으로 연결된다. 통제 능력은 영향력으로 발휘된다.

우리가 접촉하는 세계

우리가 접촉하는 세계를 둘로 나눠서 보자. 하나는 구체적인 세계이고, 다른 하나는 구체적이고 현상적인 것들을 설명하는 세계다. 영향력과 통제력은 설명하는 것들이 갖지, 설명되는 것들이 갖지 않는다. 설명이 되어지길 기다리는 것들을 우리는 구체적이고 현상적인 것들이라고도 하는데, 그것들과 접촉할 때 인간은 '감각'을 사용한다. 설명하는 능력이 발휘되어 만들어진 세계, 즉 지식과 이론의 세계는 눈에 보이지도 않고 만질 수도 없다. 추상의 세계다. 여기를 접촉하는 인간의 능력을 '사유'라고 한다. 당연히 사유의 능력이 감각 능력보다 세다. 보이고 만져지는 세계를 다루는 능력보다 보이지도 않고 만질 수도 없는 세계를 다루는 능력이 훨씬 더 세다는 것을 알 수 있다.

구체적인 높이에서 감각을 사용하여 무엇인가 만드는 활동이 기능이다. 무엇인가 만드는 일이 사유의 높이에서 일어나면, 그것을 기술이라 한다. 여기서 과학적 사유가 개입한다. 그래서 기술과학이나 과학기술이라는 말은 성립해도 기능과학이나 과학기능이라는 말은 성립하기 어렵다. 그렇더라도 과학과 기술은 엄연히 다른 영역이므로 '과학기술'로 붙여서 사용하는 것보다 '과학과 기술'로 구별하여 쓰는 것이 옳다. 과학과 기술을 구별할 줄 아는 것에서부터 전략적 높이에서의 발전이라는 의미를 이해할 수 있다. 당연히 기술을 가진 사람이 기능적인 높이에 있는 사람보다 더 세다. 기능적 삶은 과학(기술)적 삶을 이길 수 없다.

감각의 단계에서 쾌락을 만드는 일을 예능이라 하고, 사유의 높이에서 쾌락을 만드는 일을 예술이라 한다. 예술의 단계에서 즐거움을 생산하는 능력을 갖춘 사람은 예능에서 그러한 사람을 압도한다. 지식과 이론과 원리와 법칙들은 대개 예술과 친하고, 현상에 직접 접촉하는 감각의 능력은 예능과 친하다. 즐거움을 예술보다는 주로 예능에서 찾는 데에 익숙한 사람은 원리나 법칙이나 이론적인 높이에서 일어나는 일을 잘할 수는 없다. 예능에만 젖어서는 창의성이나 독립성 같은 것들을 가질 수 없다는 뜻이다.

같은 의미에서, 기능적인 삶의 태도로는 자유롭고 창의적인 삶을 구가할 수 없다고 말해도 된다. 눈에 보이고 만질 수 있는 세계만 있는 것으로 간주하고, 눈에 보이지 않고 만질 수 없는 세계를 없는 것으로 간주하면 자유와 독립과 같은 단계의 높은 것들을 가질 수 없다. 바로 종속적 단계다. 이런 단계에서는 '따라 하기'에 빠진다.

감각적이고 현상적인 단계에서 '따라 하기'로 살던 우리가 이 단계에서 가져야 할 사명이 한 단계 더 상승하는 일이라고 한다면, 그 말의 구체적인 의미는 과학기술과 예술과 사유의 단계로 상승한다는 말이다. 이제 그 단계에 있는 덕목들이 그 아래 단계의 덕목을 누르며 사는 도전에 나서야 한다.

높은 단계의 삶

진시황의 중국 통일은 변방의 작은 나라가 어떻게 제국까지 될 수 있는지를 잘 보여준다. 당시 혼란에 빠져 있던 전국(戰國) 시기에는 모든 나라가 다 '개혁'에 몰두한다. 철기의 발명을 계기로 새롭게 형성된 생산방식의 변화가 야기한 사회의 급격한 변화에 어떻게 효율적으로 적응하느냐가 관건인 시대였다. 이것이 당시 '개혁' 바람의 진상이다. 그들은 이것을 '변법(變法)'이라고 불렀다. 당연히 변법에 누가 먼저 성공하느냐가 누가 먼저 패권을 갖느냐를 결정할 수밖에 없었다. 진(秦)나라를 포함하여 거의 모든 나라들이 기존에 했던 일을 이리저리 바꿔보고, 또 더 열심히 해보고, 관리나 백성들을 다그쳐도 보고, 제도를 고쳐보고, 새로운 프로젝트를 시도해보면서 그 시대에 반응하고 있었다.

그러던 차에 승부가 갈리는 일대 사건이 일어나는데, 바로 진나라에서 다른 나라들과는 전혀 다른 차원으로 그 시대를 대하기 시작한 것이다. 상앙(商鞅)의 출현이다. 상앙은 개혁의 핵심을 '신뢰'의 회복에서 찾는다. '신뢰'가 없이는 어떤 개혁도 이뤄질 수 없다고 판단한 그는 이전에는 해본 적이 없는 이벤트를 한다. 남쪽에 위치한 성문인 남문 밖 땅에 나무 기둥을 박아놓고, 그것을 북문으로 옮기는 사람에게는 적지 않은 상금을 준다고 한 것이다. 하지만, 백성들은 나라에서 하는 일이라면 이미 시큰둥해져서 어떤 말도 믿지 않았기 때문에 그것을 거들떠보지도 않았다. 그러자 상앙이 상금을 다섯 배로 올렸다. 그러던 어느 날, 한 사람이 그 나무를 옮겼고, 상앙은 정말로 거금을 상으로 주었다. 그런 일이 벌어지자 백성들은 상앙이 다른 재상들과는 다르게 본인이 말한 것은 그대로 지킨다는 것을 믿게 되었다. 그때부터 상앙의 변법은 백성들의 지지를 받고 매우 효율적으로 시행되어, 변방의 작은 나라임에도 불구하고 천하통일이라는 대업을 이룰 수 있는 개혁의 길로 착실하게 나아갈 수 있었다. '나무를 옮겨 신뢰를 세운(徙木立信)' 것이다.

'신뢰'는 동양에서 흔히 '인(仁)' '의(義)' '예(禮)' '지(智)' 등과 함께 거론되는 오덕(五德)이다. '신(信)'을 포함한 다섯 가지 덕은 활을 쏘고 창고를 살피고 결재를 하고 전투를 하는 것과 같은 구체적이고 기능적인 어떤 것이 아니라, 그런 기능들을 지배하는 상위의 힘이다. 구체적이고 기능적인 일이 신뢰와 같은 상위의 힘에 지배받을 때, 그 효율성은 그렇지 않을 때보다 훨씬 크다. 기능적인 일들이 신뢰 등과 같은 상위의 힘에 의하지 않을 경우에는 효율성도 떨어지고 혼란스럽다. 기능에 갇혀 있으면 신뢰를 좋은 말이라고 여기기는 하면서도, 실제로는 '아직은 아닌 것' 혹은 '귀찮은 것' 또는 는 '현실적인 효율을 직접 생산하지는 못하는 것'으로 간주하면서 그저 장식품으로 사용할 뿐이다.

하지만, 진나라나 그 이웃 나라들의 예에서 보듯이 눈에 보이지 않는 '신뢰'가 크고 작은 일의 성취나 나라의 부강에 근본적인 역할을 한다. 눈이 낮으면 기능에 빠지고, 눈이 높으면 근본이 발휘하는 실질적인 효용을 안다. 눈이 낮으면 효용성은 기능에만 있는 것으로 안다. 눈이 높으면 효용이 없어 보이는 것의 효용을 안다. 이것이 도가(道家) 류에서 말하는 '무용지용(無用之用)'의 한 경지다. '도' '자유' '신뢰' '독립' 같은 것들은 보이지 않는 것들이다. 그래서 눈 낮은 사람들은 그것을 쉽게 '무용(無用)'한 것으로 간주한다. 그러나 기능적인 거의 모든 것들은 다 쓸모없어 보이는 이런 것들에 의존한다. 결국 '대용(大用)'을 이루게 한다.

지금 우리나라는 어떤 면에서는 한계에 갇혀 있고, 어떤 면에서는 혼란스럽다. 우리 사회가 근본적으로 우선 해결해야 할 몇 가지 가운데 가장 시급한 것은 신뢰의 회복이다. 지식인, 법관, 정치인, 식당 주인, 운전기사, 농부, 어부 등등 사회 전반에 '신뢰'가 무너졌다. 이젠 신뢰 같은 것은 없이 사는 수밖에 없다고 여기는 것은 아닐까? 한가하게 철학 공부나 하며 사는 사람 눈에는 근본이 무너지고 있는 느낌이다. 최고 높은 단계의 정치에서도 너무 쉽게 자기가 한 말을 지키지 않는다. 말을 지키지 않는 것은 원칙을 무너뜨리는 일이다. 여기서부터 '개혁'의 동력은 크게 손상을 입는다. 원칙을 지키지 않는 것은 바로 '기능'에 갇혀 있기 때문이다. 원칙보다 기능이 더 커 보이는 한 '개혁'은 흔들린다. 기능에 의존한 채, 개혁을 이룬 예는 없다. 기능적 정치, 즉 정치 공학을 운용하는 일은 가능해도 정치 자체의 복원은 힘들다. 정치 공학으로는 이 권력을 저 권력으로 바꾸고, 저 권력을 이 권력으로 바꾸는 일은 가능하다. 또 이 진영이 저 진영을 대체하거나 저 진영으로 이 진영을 대체하는 일도 가능하다. 하지만 이것이 새 세상처럼 보이지만, 새 세상은 아니다. 정치처럼 보이지만, 아직 정치가 아니다. 헌 세상의 다른 얼굴들일 뿐이다. 보이지 않고 만져지지 않는 신뢰를 가지고 보이고 만질 수 있는 기능을 압도할 수 있는 성숙이 필요하다.

동양의 선현들은 높은 단계의 삶을 지향할 때, 다 '도(道)'를 추구했다. '도'는 보이고 만져지는 것들을 잠시 포기하고 보이지도 않고 만져지지도 않는 세계로 쉼 없이 상승하고 또 상승하다가 어느 극점에서 마주칠 수 있다. 그래서 '도'는 이름도 없고(無名), 형태가 없다(無形). 아무것도 아닌 것이다. 그러나 보이기도 하고 만져지기도 하는 만사만물 가운데 '도'의 지배를 벗어나는 것은 없다. 보이지 않고 만져지지 않는 단계의 최극점에 있는 "'도'에 접촉하면, 세계의 맥락과 흐름에 통달할 수밖에 없다. 세계의 맥락과 흐름에 통달하면, 이리저리 저울질을 제대로 해서 정확한 판단과 시의적절한 정책을 펼 수 있다. 그러면 누구도 그 사람에게 해를 끼치지 않게 된다(知道者必達於理 達於理者必明於權 明於權者不以物害己, 『장자』 「추수(秋水)」)."

태산은 모든 생명을 안아준다, 60×60cm

자신의 생각에만 매몰되지 않는 시선

'새는 좌우의 날개로 난다'는 말이 있다. '우'가 일방적으로 힘을 행사할 때, 밀려 있던 '좌'들이 살아남으려고 하면서 '우'를 향해 필사적으로 내뱉는 말이다. 또 '좌'가 일방적으로 패권을 휘두르면 밀려나지 않으려고 발버둥치는 '우'들이 '좌'를 향해 내뱉기도 한다. 이 경우에 '좌'가 하는 말이나 '우'가 하는 말이 절실하기는 하지만, 그렇게 진실하지는 않다. '좌우의 날개로 난다'는 말은 새의 비행은 왼쪽과 오른쪽으로 갈라져 있는 두 날개의 상호 협력과 균형에 의해서만 완수된다는 뜻인데, 말을 하면서 좌우의 균형이나 협력은 의식하지 않고, 반대쪽과의 투쟁에서 자기 입지를 강화하려는 목적으로 한 말이기 때문이다. 살아남으려니까 절실하기는 하지만, 비행의 완수보다 자기 자리의 확보만을 목적으로 두고 하는 말이니 균형이나 협력은 애초에 관심도 없다. 이런 어법이 횡행하는 곳에서는 '우'와 '좌' 사이에 주도권을 잡으려는 탐욕만 왕래하지 '비행'은 효과적으로 완수되지 않는다. '비행'이 완수되지 않은 책임을 누구도 지지 않는다. 이륙도 하지 못하는 새만 불쌍하다.

시선과 실력

'좌'에서건 '우'에서건 "새는 좌우의 날개로 난다"는 말을 하더라도, 막상 비행의 주도권을 가지게 되면 자기 날개 하나로만 날려고 한다. 마치 새에게 날개란 원래 하나밖에 없는 것으로 알고 살아온 듯하다. 좌우의 날개가 상호 협력을 통해 균형을 잡아야만 날 수 있다는 말은 하는 사람이나 듣는 사람이나 모두 알아듣는다. 또 어느 쪽에서나 맞는 말이라고 한다. 그런데 협력과 균형을 갖춘 비행은 이뤄지지 않는다. 왜 그럴까? 실력 때문이다. 시선의 높이 때문이다. 새가 두 날개의 협력과 균형으로 난다는 말을 이해는 하지만, 사실은 알지 못한다. 지적으로는 이해하더라도 자신의 행동으로 구현될 정도로 철저하게 인식하지 못한 까닭이다. 자기가 처한 한쪽 날개의 입장을 주장하고 관철하기 위해서 좌우 날개의 협력을 말한 것뿐이다. 협력과 균형이라는 상위의 어젠다가 하위의 '좌'나 '우'를 지배해야 하는데, 하위의 '좌'나 '우'가 상위의 어젠다를 치받는 형국이다. 시선이 높아 실력이 있으면 상위의 어젠다로 하위의 기능을 지배하고, 시선이 낮아 실력이 없으면 하위의 기능에만 집중하다가 상위의 어젠다를 도외시한다. 새의 균형 잡힌 비행을 목적으로 하면 좌우의 치열한 대립이 상호 협력으로 바뀔 수도 있지만, 좌나 우가 처한 진영의 입장만을 목표로 하면 새의 비행은 이뤄지지 못한다. 시선이 좌나 우의 입장에 닿아 있는 한, 새의 비행은 그리 급하거나 중요한 일로 다뤄질 수 없다. 강한 왼쪽 날개와 또 그만큼 강한 오른쪽 날개를 가졌지만, 새는 날지 못한다.

부부도 때로는 싸운다. 어떤 부부는 사람들이 지나다니는 길에서도 싸운다. 길에서 싸우다가 지나가는 사람이 쳐다보는 것 같으면 바로 싸움을 멈추는 부부도 있지만, 싸움을 멈추지 않고 누가 보든 말든 계속하는 부부도 있다. 누가 볼 때 싸움을 멈추는 부부와 계속하는 부부 중 어느 쪽의 시선이 높을까? 싸움에 대한 몰입도나 충성도 혹은 치열함은 싸움을 멈추지 않고 계속하는 부부가 훨씬 높을 수 있다. 그러나 삶을 운용하는 격이나 높이에서 본다면, 싸움을 멈추는 부부가 높다. 시선이 높으면 삶을 운용하는 실력도 좋다.

둘이 싸우는 풍경에 사람이 하나 지나가는 일은 생소한 한 사람이 더해지는 것에 그치지 않고, 사실은 전혀 다른 풍경으로 바뀐다. 이 변화를 알아채지 못하면, 하고 있는 싸움만이 세계 전체로 받아들여질 수밖에 없다. 그러면 싸움을 멈출 이유가 없다. 싸움을 멈추는 일은 오히려 진실하지 않은 태도로 받아들여질 수도 있다. 높은 시선으로 무장한 실력을 갖춘 부부에게는 싸움을 멈추는 것이 진실이고, 시선이 높지 않은 부부에게는 싸움을 계속하는 것이 진실이다.

어느 집에서 고양이를 샀다고 치자. 그러면 거실 풍경에 고양이 하나만 더 그려지는 것으로 그치지 않는다. 고양이를 중심으로 가족관계가 새롭게 조정되어 전혀 다른 가족이 된다. 거실에서 TV를 치우면, 거실 풍경에서 단지 TV 한 대가 사라진 것이 아니라, TV를 중심으로 만들어졌던 권력관계나 시간을 쓰는 내용도 함께 사라져서 새로운 가정, 새로운 가족으로 바뀐다. 전혀 다른 새 풍경이 되는 것이다.

인문적 통찰의 높이까지 사유 능력이 고양되어 있으면 다른 사람이 자신들의 싸움을 구경하는 일이 전혀 다른 풍경을 펼치는 사건이므로 놀라지 않을 수 없다. 반면에, 그런 통찰의 높이에 도달해 있지 않으면 싸움 풍경에 그저 모르는 한 사람이 더해져 있는 것 이상이 아니므로 대수롭지 않게 여기고 싸움을 계속한다. 결국은 사유의 높이를 가지고 있느냐 가지지 못했느냐의 문제다. 아무리 화가 나더라도 가정의 명예나 평판 등 한 단계 더 높은 지향을 가진 사람이라면 싸움을 멈출 수 있다. 지향점이 새의 비행에 닿아 있다면 좌우의 두 날갯짓은 협력과 균형으로 진화할 것이다. 하지만, 수준이나 실력이 좌우의 각 진영에 갇혀 있다면 비행의 완수보다 좌우의 싸움에 더 몰입할 것이다. 부부싸움의 이치와 다르지 않다. 더 높은 시선에서 아래 단계의 기능을 통제하느냐 하지 못하느냐의 일이다.

한국은 새 정권이 들어설 때마다 협치를 말하지만, 협치는 아직 난망이다. 굳이 어느 편의 책임이라고 말할 수도 없다. 우리의 실력이다. 새가 좌우 날개의 균형을 맞춰 비상하는 것도 사실은 엄청난 실력이다. 이 실력이 없는 상태라면 각각의 날개가 각자의 방향성과 작용력으로 분리되어 날지 못하는데, 실력을 발휘하려면 각각의 날개가 '날개 이상의 것', 즉 '비행'을 위한 것임을 철저히 인식할 때라야 비로소 가능하다. 이것을 우리는 각성이라고 한다. 이 각성을 가진 대립 면의 충돌은 성숙과 진화를 보장하고, 미성숙한 대립은 분열과 비효율만 쌓는다. 사실 우리가 지금 이러고 있다. 결국은 성숙과 실력이다.

유연성

실력이 있음을 나타내는 것 중에 하나가 유연성이다. 유연성은 자기 각성과 반성을 통해서 상대에게 양보함으로써 내 이익을 더 크게 실현할 수 있는 실력이다. 실력이 없으면 건강해지고 극단화된다. 오른쪽 날개가 높은 시선의 실력을 갖추고 있으면, 자기 날갯짓의 강도와 방향만 고집하는 것이 아니라, 왼쪽 날개와 함께 펼치는 판을 잘 살펴서 새가 날 수 있도록 조정하여 '정도'를 맞춘다. '정도'를 살펴 자신의 날갯짓을 비상이라는 과업에 공헌하도록 하고, 자신의 성취를 이룬다. 왼쪽 날개도 실력이 있다면, 이와 다르지 않다. 서로 날개가 붙어 있는 방향만 다르지 '정도'를 살피는 실력으로 협력하여 새의 비상이라는 과업을 완수한다. 극단화되면, 이론과 이념과 개념에 집착하고, 유연해지면 현실을 살펴서 정도를 잘 가늠할 수 있다.

　최저임금제만 봐도 그렇다. 나라의 규모를 보거나 발전 방향을 보더라도 최저임금제를 실시하는 것은 시대에 맞는 일이다. 실력이 없으면 개념에 집착하여 극단화된다. 그래서 최저임금제라는 이슈가 등장하자마자 바로 찬성파와 반대파로 나뉜다. 최저임금의 정도를 살피는 숙고는 사라지고, 반대 방향으로 누가 더 극단화하는가의 게임으로 변질된다. 최저임금을 하되 정도를 살펴 너무 과격하게 하지 말자고 하면 반대파로 매도하고, 최저임금을 하자고 하는 사람들도 '누가 더 세게 할 수 있는가' 하는 문제로만 논쟁한다. 그 결과로 최저임금 인상을 주장했던 본인 스스로도 "최저임금 인상률이 과해서 놀랐다"는 말을 하는 지경에 이르렀다. 실력은 이론이나 이념의 주장에 있지 않고, 개념의 순수한 적용에도 있지 않다. 잡다하고 변화무쌍한 현실과 대화하여 '정도'를 잘 살필 수 있는 데에 있다. 누가 더 강하고 질 좋은 교과서를 가지고 있는가는 의미 없다. 교과서를 가진 사람의 '정도' 가늠 능력만이 의미 있다. 각성과 반성은 '정도'를 살펴 유연한 탄성을 가지게 한다는 점에서 의미가 크다. 모든 학문의 목적은 '정도'를 살피는 능력을 배양하는 데 있지, 이론을 그대로 적용하는 능력을 기르는 데에 있지 않다.

'4대강 사업'도 사실 '정도'를 살피는 데에 실패한 정책이다. 앞으로 기후변화에 따른 가뭄이나 홍수는 가볍게 여길 문제가 아니다. 게다가 UN의 「2019년 물보고서」에 따르면 우리나라는 '물 스트레스 국가'이다. 그럼에도 빗물을 가둬두는 저수 능력은 매우 낮다. 이 문제는 이미 많이 늦었지만 심각하게 다루어 선제적으로 대응해야 할 근본 문제다. 한꺼번에 다 처리하려는 과격함보다 '정도'를 살펴

하나하나 조금씩 해나가는 유연성을 가졌다면 어땠을까 하는 아쉬움이 남는다. 이렇게 된 연유도 '4대강 사업'이라는 이슈가 나오자마자 '정도'를 살피는 숙고 대신에 찬성과 반대로만 극단화된 것과 관계 깊다. 누가 정권을 잡든 아직은 '정도'를 살피는 성숙함을 보여주지 못한다는 점에서 별 차이 없다.

그래서 노자가 이념이나 개념에 매몰된 지식인들이 과감하게 자기 뜻대로만 하려는 것을 막아야 한다(使夫智者不敢爲也)고 『도덕경(道德經)』 3장에서 일갈한 것이다. 공자라고 다르지 않다. 공자도 각성 없이 자기 뜻만 옳다고 여기며 반드시 해내고야 말겠다고 고집 부리는 일을 끊자(子絶四 毋意 毋必 毋固 毋我)고 『논어(論語)』 「자한(子罕)」편에서 주장한다. 그런데 끊자고 해서 끊어지는 것이 아니다. 각성하자고 해서 각성이 되는 것이 아니다. 높은 시선으로 인도되는 실력이 있어야만 가능하다. 좌우의 날개가 아무리 협력하려고 해도 안 된다. 오직 한 길, 자신의 진영을 넘어선 상위의 시선을 갖추고, 그 시선에 의해 인도되어 새의 비상이라는 위대한 과업을 자기 일로 삼을 때만 가능하다. 매우 높은 단계의 인격이다. 상위의 어젠다가 하위의 기능들에 의해 흔들리면 안 된다. 하위 기능들이 상위의 어젠다에 의해 이끌리고 통제되어야 한다. 새의 비상이나 나라의 비상이 다 같은 일이다. 부부싸움도 다르지 않다. 인생이 원래 다 그렇다.

무불위(無不爲)의 시선

가난 속에서도 당당함을 잃지 않고

안빈낙도(安貧樂道). 살아가면서 모질고 거친 파고를 이겨내려고 몸 부림친 사람들이라면 누구나 한 번은 입안에서 웅얼거려 보았을 말 이다. 모든 것을 버리고 산속으로 들어가 비록 가난하더라도 걱정 하나 없이 맘 편히 지내는 일상 말이다. 이 말은 공자가 『논어』의 「옹야(雍也)」편에서 제자 안회(顔回)를 평하는 문장에서 시작된 것 으로 보는 것이 일반적이다.

　　안회야! 너 참 대단하구나! 한 바구니의 밥과 한 바가지의 국물 　　로 끼니를 때우고, 누추한 거리에서 구차하게 지내는 것을 딴사람 　　같으면 우울해하고 아주 힘들어할 터인데, 너는 그렇게 살면서도 자신의 즐거워하는 바를 달리하지 않으니 정말 대단하구나 안회여!(子曰 賢哉回也 一簞食 一瓢飲 在陋巷 人不堪其憂 回也 不改其樂 賢哉 回也).

여기서 '즐거워하다'는 '악(樂)'을 번역한 말이다. 공자가 살던 당시의 용법으로 볼 때, 이 '악'은 그냥 감각적인 쾌락으로 마음이 들뜬 상태를 말하는 정도에 머물지 않는다. 감각적 쾌락은 절제 없이는 탐닉(淫)으로 빠지지 않을 수 없다. 탐닉으로 빠지지 않을 정도로 고양되고 절제된 즐거움인 '악(樂)'은 '음(淫)'을 거부한다. '악이불음(樂而不淫)'인 것이다. 당시에는 사회를 유지하고, 교화를 완성하도록 만들어진 체계를 '예악(禮樂) 체계'라고 했다. 사회에 '도'를 실현하는 장치다. 그래서 안회가 즐거워하던 바를 달리하지 않았다는 것은 '도'의 높이에서 실현되는 삶을 추구하는 태도를 잃지 않았다는 뜻이다. 이런 연유로 「옹야」편의 이 문장을 '안빈낙도(安貧樂道)'로 개괄한 것은 아주 옳다.

그런데 이 표현을 자신의 직접적인 삶 속에서 생산하지 못하고, 그냥 말로만 들여와서 쓰는 사람들은 생산될 때의 두터운 의미를 놓친 채 왕왕 얇고 가볍게 사용한다. '안빈낙도'를 '안빈'과 '낙도'로 쪼개 쓰면서, '안빈'에만 무게를 두고 '낙도'는 가볍게 여기는 것이다. 그냥 세상사의 무게를 내던져버리고, 가난하더라도 아무 걱정 없이 맘만 편하면 '안빈낙도'로 여기는데, 그렇지 않다. 가난하더라도 그 가난 때문에 자신의 수준을 낮추지 않고, 당당함을 잃지 않는 것이 '안빈'이다. 이 가난은 자신의 무능이나 게으름 때문에 야기된 것이 아니라, 부를 일구는 일보다는 원래 가졌던 더 높은 지향을 지키고 실현하느라 부를 일굴 겨를이 없어 자초한 가난이다. 높은 지향은 바로 '도(道)'이다. 당연히 '안빈낙도'에서 방점은 '안빈'보다는 '낙도'에 있다. 삶 속에서 '도'를 실현하려는 의지를 즐거움으로 받아들이는 정도의 높이를 가지고 있는 가난한 사람이 비로소 '안빈낙도'할 수 있다. 가난 속에서도 당당함을 잃지 않고 '도'를 실현하려는 의지를 발휘하는 것이 '안빈낙도'다.

세계와 관계하는 인격이 얇고 가벼우면 무게감 있는 것들을 쉽게 잘라버리고, 감성과 도덕으로 삶을 분칠해버린다. 구체적 삶의 현장에서 자신의 문법을 스스로 생산하는 능력을 갖추고 있지 않으면, 다른 곳에서 생산된 문법을 들여와 쓸 수밖에 없는데, 이런 경우에는 대개 감성적이고 도덕적이거나 이념적 태도를 취하기 쉽다. 이론으로만 들어오면서 그 이론이 생산될 때의 배경이 된 삶의 구체적 현장성이 떨어져 나가기 때문이다. 그래서 구체적 현장성까지 붙어 있는 두께는 구현하지 못하고, 감각적이며 얇고 가벼워진다. 혁명에도 독립적 혁명이 있고, 종속적 혁명이 있다. 혁명을 스스로 생산한 이념으로 하면 독립적이고, 자기 문제를 해결하려는 혁명이면서도 다른 데서 생산된 이념을 구현하는 형태로 하면 종속적이다. 독립적이면 두껍지만, 종속적이면 가볍고 얇다. 가볍고 얇아지면 굳은 이념과 맹목적 도덕주의에 빠지기 쉽다.

우리는 중진국 함정에 빠져 있다. 단순히 경제적이거나 군사적인 문제만 놓고 하는 말이 아니다. 세계와 관계하는 방식, 자신의 삶을 지배하는 문법 등에서 아직 독립적인 생산단계에 들지 못했다는 뜻이다. '지식' 하나만 따로 놓고 말한다면, 지식의 생산국에 진입하지 못하고 아직도 총체적인 지식 수입국이라는 뜻이다. 이런 비독립적 한계가 경제와 군사적인 문제의 높이까지 결정한다. '독립적인 생산단계'에 든 나라를 선진국 혹은 선도국이라고 한다. 그래서 이 모든 문제를 개괄하여 나는 "선진국(선도국)으로 진입하는 도전에 나서자"고 말하는 것이다. 우리 사회에서 '선진국(선도국)'이라는 단어 자체가 식상하기도 하고, 너무 비문화적이고 비도덕적으로 들리는 지경이라는 것도 잘 안다. 이런 분위기 속에서 몇몇은 이렇게 말한다. "선진국(선도국)은 전쟁으로 이루어진 경우가 많다. 포악한 전쟁을 쉽게 하는 그런 단계는 올라갈 필요도 없다.""왜 꼭 선진국이 되어야 하는가. 그냥 이 단계에서 평화롭게 살면 되지.""공자도 도덕적으로 사는 삶을 말하지 않았는가.""더구나 도가 철학을 공부한 사람이 왜 노자와 전혀 다른 말을 하는가. 노자는 나라의 통치 자체를 부정한 사람이다." 공자와 노자가 선진국을 지향했다는 것만 말해도 많은 말다툼은 줄어들 것 같다.

　감성적이고 도덕주의적인 편협함에 빠진 사람들은 공자를 정의와 개인적인 덕성의 함양만을 논할 뿐 국가를 흥성시키고 부강하게 하려는 개혁에는 관심이 없었던 사람으로 얇게 해석하곤 한다. 하지만 공자는 『논어』에서 '나라를 흥성하게(興邦)' 하는 일을 매우 중요한 목표로 제시하고, 덕성의 함양 자체를 국가의 부강과 직접적으로 연결시킨다. 「자로(子路)」편에 나오는 한 대목. "번지(樊遲)가 농사짓는 법과 원예를 가르쳐달라고 청하니, 공자가 말한다. '나는 경험 많은 농부나 원예사만 못하다.' 번지가 그대로 돌아가자 공자가 다시 말한다. '번수(樊須)가 소인이구나. 위에서 정의로우면 아래서 따르지 않을 수 없다. 위에서 믿어주면 아래서 진정을 다하지 않을 수 없다. 이러하다면, 사방에서 자식들까지 업고 몰려올 텐데 꼭 농사만 중요시 해야겠는가.'" 공자가 강조하는 정의와 신뢰도 그것 자체가 가지고 있는 도덕적인 의미로만 작동되는 것이 아니라 '사방에서 자식들까지 업고 몰려오는' 현실적이고 국가적인 이익 때문이다. 공자가 살던 당시에 인구는 노동력과 군사력의 원천이었다. 산업을 발전시키고 국방을 강화하려면 반드시 있어야만 하는 자원인 것이다.

다른 한 구절. "섭공(葉公)이 공자에게 정치에 대해서 묻자 공자가 답한다. '가까이 있는 사람들은 설득하거나 기쁘게 해주고, 멀리 있는 사람들은 오게 한다.'" 공자는 다른 나라 사람들이 스스로 찾아오게 하는 것을 정치의 실력으로 보고 있다. 다른 나라 사람들이 매력을 느껴 찾아오게 하여 산업과 국방을 더 강화하는 것이다. 공자는 '도덕적 자각 능력'을 성숙시켜서 윤리적 개인과 윤리적 국가를 이루면 그 매력을 만들 수 있다고 믿었다. 「위정(爲政)」편에 나오는 대목은 이렇다.

공자가 말한다. "덕(德)을 기본으로 하는 정치, 즉 덕치(德治)를 하는 것은 북두성이 제자리를 잡으면 모든 별이 우러르며 따르는 것과 같다."

덕치는 모든 별이 우러르며 따르는 효과가 있어 의미가 크다. 덕치 자체의 윤리적 정당성으로만 가질 수 있는 의미가 아니다. 공자에게 '덕'은 국가 발전 강령의 핵심이다.

선도국을 향한 시선

세상에서 국가의 이익이나 발전과 관련 없는 사상가로 치부되기는 공자보다도 노자가 더 심하면 심했지 조금도 덜하지 않을 것이다. 『도덕경』제48장을 보자.

무위하면 되지 않은 일이 없다(無爲而無不爲).

보통은 세상사에 어떤 욕망도 품지 않고, 그냥 되는 대로 흘러가게 내버려두는 것을 '무위(無爲)'로 보면서 개인의 안빈낙도와 연결한다. 그러나 노자가 말하고 싶었던 것은 '무위'보다도 '되지 않은 일'이 없는 '무불위(無不爲)'라는 결과이다. '무위'라는 지침은 '무불위'라는 효과를 기대할 수 있다는 점에서 의미가 있다. 내가 해석하여 억지로 하는 말이 아니라 노자가 그의 책에서 그렇게 써놨지 않은가. 노자의 시선은 오히려 '무불위'에 가 있다. 그렇다면, '무불위'의 효과 중에서 가장 큰 것은 무엇인가. 노자에게서 이 점은 매우 분명하다. 노자는 이어서 말한다. 바로 '취천하(取天下)', 즉 천하를 갖는 일이다. 나라를 키워서 여러 나라들 가운데 가장 큰 지배력을 행사하는 것이다.

노자는 22장에서도 말한다. "구부리면 온전해지고, 덜면 꽉 찬다." 그런데도 우리들은 노자를 '구부리고, 덜어내는' 것만 주장한 것으로 받아들이려 한다. 노자는 '온전해지고 꽉 채우는' 것도 말했다. 사실 노자는 온전하고 꽉 채워지는 결과를 기대하는 마음이 더 컸다. 7장에서도 말한다. "자신을 내세우지 않지만, 자신이 앞서게 된다. 자신을 소홀히 하지만, 오히려 보존된다." 노자는 앞서고 보존되기 위해서, 내세우지 않고 소홀히 할 뿐이다. 노자의 시선은 앞서고 보존되는 결과에 가 있지, 내세우지 않고 소홀히 하는 소극적인 과정에만 멈춰 있지 않다. 얇은 지성은 '무불위'로 대표되는 결과를 읽는 대신, '무위'만 읽는다. '안빈'만 보고, '낙도'는 보지 못하는 것과 같다. 공자에게서 '덕'이 국가 발전에 봉사하듯이, 노자에게서는 '무위'가 국가의 선도적 역량을 보장한다.

공자와 노자가 살던 시기는 중국의 기존 지배 이데올로기가 무너지면서 새 세상이 열리는 과정에서 여러 나라가 서로 지배적 우위를 점하려고 각축하던 때다. 이 두 사상가는 사상이야 다르지만, 목적은 같았다. 바로 지배력을 가진 나라를 만드는 일이다. 선도력과 지배력으로 우위를 점하는 나라를 꿈꿨다. 요즘 말로 하면 바로 선도국이다. 그 목적을 공자는 '덕성'을 기반으로 해서 완성하려 했고, 노자는 자연 질서를 인간 질서로 응용하는 방식으로 완성하려 했을 뿐이다.

영혼의 완성을 이루려는 사람이 잡다한 현실을 따돌리기만 하면 될 것으로 믿다가는 얇고 창백하며 정체 모를 환각에 싸일 뿐이다. 공동체의 평화를 말하면서 정작 나라의 힘을 키우는 데 소홀하다가는 그 평화 한 조각도 자신의 땅 위에 세우지 못할 것이다. 나라를 걱정하면서 부국강병을 말하기 어려워하는 사람은 다 가짜다. 얇고 가벼운 것은 감각적이어서 빨리 오고, 두텁고 무거운 것은 느리게 온다. 느리게 오는 것이 진짜에 가깝다.

제5부

정해진 마음 넘는 법

삶도 내 것이고 죽음도 내 것이며
영광도 내 것이고 치욕도 내 것이다.
내가 주인이기 때문에
인간은 이 모든 것을 알려고 노력한다.

달마대사의 시선과 백두산 호랑이의 야성을 가지자, 70×135cm

정해진 마음 넘는 법

어떤 모임에서나 앉자마자 정치나 종교 이야기부터 꺼내는 사람은 촌스럽다. 무지하고 강박적이기 때문이다. 자신의 신념을 선(善)으로 확신하고 상대방을 향해 들이미는 행위다. 전 인격으로서의 자신은 뒤로 감추고 신념을 자신의 앞에 세우는 꼴이다.

보통의 경우 정치와 종교를 주제로 하는 대화에서 논리적으로 합의점을 찾기란 거의 불가능하다. 합의점을 찾았다면 아마 논리 너머의 다른 어떤 요인들이 개입되어서일 것이다. 정치와 종교는 기본적으로 신념의 활동이다. 매우 세련되고 현란하며 또 권위까지 갖추고 있어서 객관적이고 과학적인, 게다가 보편성으로 해석될 무늬의 외피까지 두르게 되었지만 일상 안에서는 신념의 차원을 넘지 못한다. 가끔 정치와 종교의 최고 지도자들 가운데 높은 차원의 포용을 보여주는 경우가 있는데, 이때는 분명히 자신의 신념을 조금이나마 양보할 정도로 성숙되었을 때다. 신념은 각자에게 진리다. 진리를 양보하고 마음 편할 수는 없다. '자기 진리'를 양보하고 여유로울 수 있는 것, 아마 인간이 도달할 수 있는 가장 높은 곳일지 모른다. 정치와 종교의 영역에 모두 순교자가 있고 또 그들이 떠받들어지는 한, 그것들이 강력한 신념 체계라는 것을 부인하지 못한다. 신념이 맹목적인 방향으로 자가발전하면 타협이 원천 봉쇄되는 근본주의로 흐른다.

그런데, 삶 속에서 일어나는 일거수일투족은 다 정치 행위다. 말 한마디도 모두 정치 행위다. 상황을 자신의 의지대로 끌고 가려는 욕망을 실현하려 하는 한, 이 정치 행위를 벗어날 수 없다. 삶이 정치 행위라면 인간은 모두 크거나 작거나 혹은 강하거나 약하거나 하는 점에서만 차이가 있을 뿐, 모두 가자의 신념 속에 갇혀 있다. 그래서 모든 인간은 자신만의 판단 기준을 갖는 것이다. 이것을 장자는 '정해진 마음(成心)'이라 했다. "사람들은 대부분 정해진 마음을 스승처럼 모시고 산다. 현자나 어리석은 사람이나 다 똑같다. 따지고 보면 누구나 정해진 마음을 기준으로 해서 시비 판단을 한다. 그래서 정해진 마음이 없이 시비 판단을 한다는 말은 오늘 월(越)나라로 떠났는데 도착은 어제 했다는 말만큼이나 이치에 맞지 않는다(『장자』「제물론」)." '정해진 마음, 시비 판단, 정치 행위, 삶'이 하나의 폐쇄적 구조를 이루고 있다는 뜻이다.

토끼를 기다리는 농부

이런 삶의 형태에서는 어떤 합의도 애초에 불가능하다. 다시 말해 각자의 기준은 각자에게 진리이기 때문이다. 다음에 말하는 장자의 얘기를 들으면 수긍하지 않을 수 없다.

나와 당신이 논쟁한다고 가정합시다. 당신이 나를 이기고, 내가 당신에게 졌다면 당신은 옳고 나는 틀렸을까요? 내가 당신을 이기고 당신이 졌다면 내가 옳고 당신은 틀렸을까요? 한쪽은 옳고 다른 쪽은 틀린 경우일까요? 아니면 둘 다 옳은 경우일까요? 둘 다 틀린 경우일까요? 이런 일은 둘 다 알 수 없소. 제삼자는 더 알 수 없소. 그렇다면, 누구를 불러 이를 판단하게 할 수 있겠소. 당신과 입장이 같은 사람을 불러 판단하게 한다면, 그는 당신과 같은 입장이니까 공정하게 판단할 수 없소. 나와 입장이 같은 사람을 불러 판단하게 하면, 나와 같은 입장이라 공정한 판단을 할 수가 없게 되지요. 우리 둘 모두와 입장이 다른 사람을 불러 판단하게 하면, 그는 나하고도 다르고 당신하고도 다르니 역시 공정한 판단을 할 수가 없소. 우리 둘과 입장이 같은 사람을 불러 판단하게 하면, 그는 우리 둘과 입장이 같기 때문에 공정한 판단을 할 수가 없소. 그렇다면 나도 당신도 그리고 제삼자도 모두 공정한 판단을 할 수가 없는 거요. 그런데 누구에게 기대한다는 말이오?(『장자』「제물론」).

이처럼 '정해진 마음'에 갇혀 사는 것이 세상 속 인간이다. 이 '정해진 마음'을 치장하는 데에 몰두하며 사는 존재가 또 인간이다. '정해진 마음'을 치장하며 사는 한, 자신은 한 곳에 뿌리를 내린 결박된 존재가 되고, 자신이 하는 일은 대부분 과거를 지키는 일이 된다는 것을 알기 어렵다. 어쩌랴. 새롭고 신선한 일은 죄다 자신의 '정해진 마음'에서 이탈해서야 가능한 일인 것을……

한 농부가 있었다. 하루는 밭에서 일하다가 내달리던 토끼가 밭 가운데 있는 나무 그루터기에 부딪혀 죽는 것을 보았다. 죽은 토끼를 주워 집으로 돌아온 농부는 그다음 날부터 농사는 짓지 않고 그루터기만 지켜보며 또 그런 토끼가 나오기를 기다렸다. 하지만 그 뒤로 한 마리도 보지 못하고 결국에는 온 동네의 웃음거리가 되었다. '수주대토(守株待兔)'라는 말이 나오게 된 이야기다.

어떤 검객이 배를 타고 양쯔강(陽子江)을 건너고 있었다. 그런데 강 중간쯤에서 물결이 크게 출렁거려 차고 있던 칼이 강물에 빠지고 말았다. 놀란 검객은 급히 작은 단도(短刀)로 칼을 떨어뜨릴 때 앉아 있던 뱃전에 표시를 하였다. "이곳이 칼을 떨어뜨린 곳이다." 건너편 나루터에 도착하자 검객은 칼을 찾기 위해 뱃전에 표시한 바로 그 밑의 물속으로 들어갔다. 각주구검(刻舟求劍)이라는 말로 회자되는 고사다.

이 두 고사에 나오는 주인공들은 모두 비웃음을 사지 않을 수 없다. 바보 같은 상황에 있으면서도 정작 자신은 알아채지 못한 채, 어떤 고정된 행위를 벗어나지 못하면 비웃음을 살 수밖에 없다. 달라진 상황에 다르게 반응하지 못하고 계속 같은 반응을 하면서 다른 결과를 기대하는 것도 마찬가지이다. 달라진 시대에 맞게 새 비전을 생산하지 못한 채, 고정되고 철 지난 틀로 새 시대를 맞자고 주장하는 것도 같은 맥락이다. 그런데 문제는 개인에게도 해당되지만, 사회나 국가 차원에서도 비웃음이 비웃음만으로 끝나면, 그나마 다행일 텐데 그렇지 않다는 점이다. 그 비웃음을 사는 행위 때문에 비효율이 생겨 힘 자체가 빠지는 것이 더 큰 문제다. 이처럼 '정해진 마음'은 한 번 토끼를 얻은 기억을 떨쳐내지 못하고, 그 자리에 박혀서 계속 토끼만 기다리게 한다. 토끼를 기다리는 동안 농부는 어떤 생산 활동도 하지 못한다. 막연한 심리적 기대를 객관적 사실로 착각하기 때문이다. 그 농부는 토끼를 주워서 먹을 수 있다는 기대와 확신이 너무 커서 지금의 배고픔을 불평할 틈도 없다. 다른 사람들이 그러고 있다가는 굶어 죽을 수 있다고 해도 그 말이 귀에 들어올 리 없다. 오히려 그런 말을 하는 사람들을 무지하거나 사악한 부류로 몰아붙이기까지 할 것이다.

  '정해진 마음'에 지배되는 상태가 되면, 그 사람의 온 마음과 행동이 '정해진 마음'의 변주에 불과해진다. 한 사람이 하는 모든 심리적 활동의 터전이 되는 것이다. 그래서 진짜로는 '심리적 기대'와 '심리적 확신'인데, 그것을 '객관적 사실'로 믿는다. 이처럼 '정해진 마음'은 한 사람을 과거에 묶어두고, 변화하는 현실에 적응할 수 없도록 만들어버린다. 토끼를 기다리는 농부의 이야기는 『한비자(韓非子)』의 「오두(五蠹)」편에 나오는데, '오두'는 나라를 망가뜨리는 다섯 종류의 '좀벌레'를 말한다. 즉 나라를 망하게 하는 다섯 가지 요

인이라는 뜻이다. 비효율적으로 운용되는 나라에서는 심리적 기대
와 객관적 사실을 혼동하는 일이 자주 일어난다.

'정해진 마음' 장례 지내기

'정해진 마음'을 가지고 있으면 염치(廉恥)가 없어진다. '정해진 마
음'이 자신의 마음을 차지하는 덩어리가 크면 클수록 '정해진 마음'
이 주인이 되어버리기 때문에 그 '정해진 마음'을 철저히 지키는 일
이 가장 중요한 일이자 진실을 지키는 일로 바뀐다. 그래서 아무리
크고 중한 일이라도 그것이 '정해진 마음'을 발휘하는 데 방해가 되
면 바로 사소한 것으로 취급된다. 이럴 때 사용하는 비굴한 논리들
은 모두 상황을 상대적인 묘사 속으로 끌고 간다. "다른 사람보다
는 그래도 덜하다"고 하거나 "나만 그런 것이냐"고 하는 식으로 자
신을 정당화한다. 남보다 더 낫기만 하면 된다는 종속적 사고에 빠
져 있다. 독립적이고 자유로운 사람이라면 남보다 더 나은 것으로
는 만족하지 못하고, 남과 다를 뿐만 아니라 나만의 고유한 것이 있
어야만 만족할 것이다. 비굴한 논리를 사용하는 것도 자신을 자신
의 존엄 위에 세우지 못하고 '정해진 마음' 위에 세우기 때문이다.
그러면서 불행하게도 염치를 잃어버린다. 자신이 무엇을 하고 있는
지도 모르게 된다.

　예를 들어, 법을 어긴 사람을 법무부 장관으로 추천하고, 악의적
표절을 한 사람을 교육부 수장으로 추천한다. 법무부 장관은 법을

관장해야 하고, 교육부 수장은 표절을 하지 못하도록 감독해야 할 직책이다. 그럼에도 불구하고 추천한 사람들이나 추천받은 사람들이나 모두 아무렇지 않은 양, 당당하다. '정해진 마음'을 공유하고 있기 때문이다. 누가 시킨 것도 아니고, 스스로 말한 원칙을 스스로 깨면서도 부끄러워하지 않는다. 소위 '정치'를 버리고 '정치 공학'을 선택하는 것이다. 게다가 '정해진 마음'을 공유한 사람들은 객관적 비판 능력보다는 감성적 동질감에만 의존하면서, 갑자기 호위무사로 등장한다. 자존감이나 품격이나 진실성은 사라진다. 오직 '정해진 마음'들의 굳건한 연대만 남는다. 참 무섭고 슬픈 일이다. 이처럼 무섭고 슬픈 풍경 안에서 아무도 몰래 비효율은 두터워진다. 우리가 '정해진 마음'에 좌우되는 감정을 극복하고 과학적으로 사고해야 하는 이유다. 그래서 장자는 말한다.

마음으로 듣지 말고 기(氣)로 들어라. '정해진 마음'에 갇힌 자기를 장례 지내라.

'아큐(阿Q)'로 살지 않는 법

세계를 높은 시야로 넓게 보는 큰 사람은 자신에게 필요한 것만을 찾으려 에쓰지 않고 시대의 병을 함께 아파하며, 그 병을 치료하는 데에 헌신한다. 달리 표현하면, 자신이 필요로 하는 것과 시대의 병을 치료하는 일이 일치한다. 자신이 독립적으로 발견했지만, 그 병은 동시대인 모두에게 해당된다는 점에서 공적(公的)이다. 또 온몸을 바쳐 치료에 헌신하며 윤리 행위자로 등극한다. 그래서 큰 사람은 공적이고 윤리적 인격으로 우뚝 선다. 이런 사람이 진정한 의미에서 지도자다.

문제는 시대의 병을 자신이 고수하는 생각의 틀에 맞춰 해석하고 치료하려 덤비면 오히려 해가 된다는 점이다. 일단 그 사람은 시야가 높지도 넓지도 않을 것이 분명하다. 그래서 높은 수준의 지식도 필요하고, 개방적이며 융통성 있는 심리상태도 필요하다. 게다가 시대의 병은 대부분 겪어본 적이 없는 새로운 것일 가능성이 크다. 굳어지고 철 지난 마음으로 새롭게 나타난 병을 다루게 되면, 병은 치료되지 못하고 오히려 악화되거나 더 수선스러워질 수 있다. '텅 빈마음'으로 시선을 새롭게 하여 병을 대면하고, 그것을 치료하는 데에 자신을 전부 던진 사람이 진정한 지도자다. 그런 사람을 가진 나라는 흥하고, 그렇지 못하면 어려움에 처한다.

일본은 미국에 강제 개항을 당하면서 충격과 어려움에 직면하고도 바로 전열을 정비하여 근대의 흥성기를 구가한다. 이런 흥성으로 형성한 힘으로 우리나라에 씻을 수 없는 고통을 가했지만, 어쨌든 일본은 근대화를 이룬 국가로 성장했다. 물질문명의 발전은 정신문명의 발전 없이 이루어지지 않는다. 정신문명이 물질문명의 발전으로 이행되려면 여기에는 정신적 합의로 빚어진 일치된 단결이나 공동의 선을 향한 협력이 필수적이다. 이것을 우리는 흔히 사회통합이라고 부른다. 일본은 시대의 병을 앓기 시작하자 바로 한 무리의 지식인들이 세력을 형성하여 치료에 돌입한다. 그 정점에 요시다 쇼인(吉田松陰)이 있었다. 무엇보다도 그는 다른 문화권과 구별되는 일본만의 정신을 살려내어 '대화혼(大和魂)'이라는 일본 통합의 정신을 제시하였다. 그가 일본의 근대를 주도한 인물들을 배출한 것도 의미가 있지만, 일본 정신을 통합하고 방향을 제시한 것이 가장 핵심이다.

루쉰의 장례식

이와 필적할 인물이 중국에는 누가 있을까? 근대 격동기에 중국인들을 통합할 '정신'을 형성한 사람은 누굴까? 나는 루쉰(魯迅)이라고 본다. 루쉰은 원래 중국인들의 육체적인 병을 고치는 의사가 되고자 했다. 그런데 과거에 갇혀 깨어나지 못하고 있는 중국인들의 정신을 먼저 깨우치지 않으면 안 되겠다고 생각한 후 바로 의학 공부를 그만두고 문필가, 사상가, 혁명가의 길로 들어선다. 혁명은 외부와의 투쟁이기만 한 것 같지만 사실은 내부의 투쟁이 더 격렬하다. 혁명의 분열상은 혁명의 진행에 매우 치명적이고 언제나 있는 일이다. 하지만 루쉰만은 그렇지 않았다. 그의 장례식이 이를 증명한다. 1936년 10월 22일에 치러진 그의 장례식은 중국 역사상 최초의 민중장(民衆葬)이었다. 분열을 일삼던 문단도 이날만큼은 일치된 모습으로 모든 문학잡지가 일제히 추도호를 발행했다. 통합의 아름다운 행렬이다. 이때 루쉰의 시신은 '민족혼(民族魂)'이라 쓰인 하얀 천에 감싸졌다. 중국 혁명의 여정에 루쉰이 이뤄낸 정신적 통합과 방향 제시는 핵심적이며 또 결정적이다.

요시다 쇼인이나 루쉰이 새로운 정신으로 나라를 통합해 미래로 끌고 나갈 수 있었던 이유는 그들이 국가가 가져야 할 수준의 어젠다를 가졌기 때문이다. 정권이나 정치 집단 차원의 어젠다가 아니라 국가 차원의 어젠다였던 것이다. 그들은 이 정권에서 저 정권으로 이동하자고 말한 것도 아니고, 이 세력을 저 세력으로 교체하자는 것도 아니었다. 더 높은 차원에서 이런 나라를 저런 나라로 만들자고 하며 미래 지향적인 어젠다를 제시하여 통합을 이뤘다. 높고 넓은 시선을 사용한 결과다. 통합을 이루려면 어젠다가 그 이전의 것들보다 높고 넓어야 한다.

국가 수준에서의 어젠다를 제시하고, 그것을 삶 전체를 통해 추진할 수 있었던 힘은 젊은 시절부터 보인다. 그들의 시선 자체가 시작부터 공적이고 윤리적이었다. 루쉰만 보더라도 의학을 전공으로 선택한 이유가 단순히 동포들의 병든 육체를 고쳐주려는 것에 머물지 않는다. 심리적인 배경을 따지면 부친이 병을 앓다 세상을 뜬 것과도 관계가 없지는 않겠지만, 무엇보다도 높고 큰 틀에서 새로운 중국을 꿈꿨던 것으로 짐작된다. 왜냐하면, 그는 일본이 메이지 유신을 성공시킨 과정을 관심 있게 보면서 그 성공의 출발선이 현대 의학에 있다는 것을 알았기 때문이다. 이때 의학은 단순하게 특정한 한 분야의 학문이 아니었다. 국가 개혁에 시동을 걸 수 있을 정도의 수준을 가진 지식의 원천이었다. 그래서 루쉰은 의학을 자신이 전공해야 할 학문으로 선택한 것이다. 그런데 극적인 전환은 의학을 공부하는 과정에서 나온다.

루쉰이 듣던 과목 가운데 세균학이 있었다. 환등기를 사용하여 세균의 모습이나 움직임을 보면서 수업했는데, 시간이 남을 때는 시사성이 있는 영화를 보여주기도 했다. 그러던 어느 날, 영화에서 러시아군의 밀정 노릇을 하다 붙잡힌 중국인들이 일본군에 의해 처참하게 처형되는 장면이 나왔다. 그런데 그 처참한 처형 장면을 구경하는 사람들은 대부분 중국인들이었다. 동포가 처참하게 죽어가는 것을 빙 둘러싸고 구경하는 것도 모자라 그들 가운데 일부는 박수를 치고 환호까지 하였다. 이 장면을 본 루쉰은 비통한 충격에 휩싸인다. 직접 루쉰의 말을 들어보자.

그때 이후로 나는 의학이 전혀 중요하지 않은 일이라 생각하게 되었다. 우매하고 연약한 국민은 체격이 아무리 온전하고 건장하다 하더라도 아무 의미 없는 시위의 구경꾼밖에 될 수 없고, 병사자가 아무리 많다 해도 이를 불행이라 여길 수가 없다. 따라서 우리 중국인에게 가장 중요하고 시급한 것은 정신을 뜯어고치는 것이고, 정신을 뜯어고치기 위해서는 무엇보다도 문학예술에 힘써야 한다고 생각했다. 그리하여 문학예술운동을 제창하게 된 것이다 (『납함(吶喊)』「자서(自序)」).

루쉰이 얼마나 큰 충격을 받았는지 충분히 짐작할 수 있다. 그 결과로 루쉰은 스스로 인생 행로를 전혀 다른 각도로 바꾼다.

우리에게 '아큐(阿Q)'는 없을까?

루쉰은 말한다. 우매하고 연약한 국민은 바로 구경꾼으로 전락한다. 자기 자신의 생명이 좌우되는 일에서도 구경꾼 역할밖에 하지 못한다. 구경꾼들은 비판하고 분석하는 데에 재능을 발휘한다. 그리고 분석 비판 이후에는 할 일을 다 했다고 스스로 인정하면서 진실한 삶을 살고 있다고 자위하며 도덕적 우월감을 갖는다. 그 우월감은 자신을 정당화하는 데에 매우 효용성이 높다. 그래서 언제나 자신은 자신에게 옳은 사람으로 남는다. 물론 다른 사람들에게는 비웃음을 사지만, 자신은 알지 못하고 또 알더라도 인정하지 않는다. 루쉰의 고뇌는 늙고 병든 중국이 이런 구경꾼들로 채워져 있다는 사실이었다. 그는 구경꾼이면서도 스스로를 도덕적으로 옳은 사람으로 조작해버리는 우매한 사람을 '아큐(阿Q)'라 이름 지었다. 루쉰이 보기에 당시 중국인들은 모두 '아큐'들이었다.

『아큐정전(阿Q正傳)』의 앞부분에 나오는 대목이다. "건달들은 그것도 모자라서 그저 그를 놀려대며 마침내는 손찌검까지 했다. 아큐는 형식상으로는 졌다. 건달들은 그의 노란 변발을 휘어잡고 담벼락에 소리가 나도록 네댓 번 머리를 짓찧었다. 놈들은 그제야 이겼노라고 흡족해하며 가버렸다. 아큐는 잠시 멍하니 서서 이렇게 말했다. '아들놈에게 얻어맞은 셈이야. 요즘 세상은 정말 말이 아니야.' 그러고는 흡족해하며 의기양양하게 돌아갔다." 아큐는 건달들에게 모욕을 당하고도 아들놈에게 얻어맞은 꼴로 바꿔버린다. 이것을 '정신승리법'이라고 하는데, 아비를 때린 아들이 나쁜 놈이기 때문에 나쁜 아들의 역할을 한 건달들이 나쁜 놈들이므로 자신은 오히려 선을 지켰다는 것이다. 결국 이긴 거나 다름없다는 식으로 해석해버린다. 현실에서의 패배를 정신적인 승리로 바꿔서 자위하는 비굴한 모습이다. 루쉰은 아큐를 통해 외세에 늘 시달리면서도 외세를 멸시하고 게다가 스스로 조작한 우월감이나 안정감 속에 빠져 있는 조국을 신랄하게 비판한다. '아큐'들은 펼쳐지는 판을 자신의 방식대로 혹은 자신이 해석하고 싶은 대로 더 나아가서는 자신의 기대에 따라서 해석한다. 심리적 기대를 객관적 사실로 착각하는 것이다. 이런 비판을 가한 루쉰의 가슴은 쓰리고 아팠을 것이다.

구경꾼들은 대개 구체적인 현실보다는 가지고 있는 고정된 생각에 더 집착한다. 현실은 두텁고 유동적이지만, 고정된 생각은 얇고 고정적이다. 얇고 고정된 생각으로 현실을 지배하려다 보면, 현실에는 삐져나오는 부분이 있을 수밖에 없다. 이 여분의 현실은 '정해진 생각'의 제어 능력을 벗어난다. 여기서 해결할 수 없는 부분이 있다는 것을 인정하지 않는 유일한 방법은 정당화, 정신승리법밖에 없다. '아큐'가 정신승리법에 빠져 있는 이유다. 그런데 혹시 지금 우리는 정신승리법으로 버티는 아큐와 닮은 점이 정말 하나도 없을까?

요시다 쇼인이나 루쉰은 모두 '아큐'로 살지 않으려고 발버둥 친 사람들이었다. '아큐'들을 끌고 새로운 세상을 향해 봉우리를 넘으려고 거친 길을 죽어라 걸었던 사람들이다. 그리하여 자신도 해방되고, 민중들도 해방시켰다. 루쉰이 20여 년 만에 정들고 추억에 젖은 고향에 돌아와 보니 고향 사람들은 여전히 구태의연하고 우매하였다. 하지만 그는 그들을 버리지 못하고, 오히려 그들에게 희망을 걸고 묵묵히 혁명의 길을 걷는다. 그는 이렇게 심정을 토로한다. "희망이란 본시 있다고 할 것도 아니고, 없다고 할 것도 아니다. 그것은 마치 땅 위에 있는 길과 같다. 사실 땅에는 본래부터 길이 있었던 것이 아니다. 다니는 사람이 많아지다 보니 길이 생겨났다(『고향(故鄕)』)." "길은 사람들이 다녀서 생긴 것이다(『장자』 「제물론」)"라는 장자의 말이 루쉰에게까지 닿아 있다. 넓고 큰 시야를 가지고, 먼저 발을 내디딜 것인가, 아니면 비판과 평가를 일삼으며 구경만 할 것인가. 뜻이 있다면, 나라를 보라. 그리고 구경꾼 무리에서 빠져나오라. 닫히고 고정된 마음이 아니라 미래로 활짝 열린 마음을 품고 두려운 첫발을 내딛자.

푸른 산속 사찰 지붕은 더욱 검고 현묘하다, 60×60cm

'내 손'에 집중하는 법

교육은 어디까지 가능할까? 나는 무엇을 가르칠 수 있을까? 내 직업이 내게 끊임없이 들이밀던 질문이다. 우리는 창의성에 대한 수많은 주장과 방법들을 물고 늘어져 탐색한 후에 '교육'으로 포장하여 전달하고자 한다. 제대로 되었다면, 창의성을 발휘하는 사람들이 등장해야 한다. 그러나 매우 희박하다. 그렇게 다양하게 교육을 하고 있지만, 오랫동안 현실에서 창의성이 발휘되지 않는 것을 보면 알 수 있다.

스티븐 코비가 쓴 『성공하는 사람들의 7가지 습관』이라는 책이 세계적으로 많이 팔렸다. 그 책을 함께 읽고 토론하여 성공하게 된 사람들이 과연 몇 명이나 될까? 그 책에는 '자신의 삶을 주도하라'는 제목이 첫 번째로 나와 있다. 이 내용을 읽었다고 자신의 삶을 주도적으로 바꿀 수 있을까? 또 그런 사람이 생겨날까? 공자는 인격을 완성하는 최고의 방법을 말해준다. "자기가 하기 싫은 것은 남에게 시키지 말라." 문제는 이 말을 듣고 실생활에서 정말로 자기가 하기 싫은 일을 남에게 시키지 않는가의 여부인데 대개는 시험지 답안에만 쓰고 끝난다. 그것을 구체적인 생활로까지 끌고 나가는 사람을 만나기는 쉽지 않다.

포용을 이야기하면서 포용의 혜택을 입으려고만 하지, 포용의 주도자가 되려 하지는 않는다. 포용에 대해서 아무리 토론하고 가르쳐도 포용하는 일이 잘 생기지 않는다. 포용 가르치기와 포용하게 하기가 밀접한 관계에 있지 않다는 것을 알면서 '교육이 가능하기나 한가?'라는 깊은 회의에 빠지기도 한다.

포용이나 창의성에 관하여 수많은 글이 있다. 논문도 있고 에세이도 있고 철학책도 있고 자기 계발서도 있다. 문제는 이런 '글'들과 '말'로는 '창의성' 자체이나 '포용' 자체에 접근하지 못한다는 것이다. 이런 고민은 인간으로서의 완성이나 승화를 기대하는 사람들에게는 고래(古來)로 가장 큰 고민 가운데 하나였나 보다. 2000년도 훨씬 더 되는 과거의 중국 땅에서 장자도 이 점을 말하고 있다.

세상 사람들은 책을 소중히 여긴다. 책은 말을 펼쳐놓은 것에 지나지 않는데, 말은 또 귀하게 여기는 것이 있다. 말이 귀하게 여기는 것은 의미다. 의미는 또 무언가를 가리키는데, 그 의미가 가리키는 것은 말로 전해줄 수가 없다. 그런데도 세상에서는 말을 중요하게 생각하여 책에 담아 소중하게 전한다. 세상이 아무리 소중하게 생각한다고 해도 사실 그렇게 소중하게 생각할 만한 것이 못 된다. 세상 사람들이 소중하게 생각하는 것이 진짜 소중한 것은 아니기 때문이다. 눈으로 봐서 보이는 것은 형체와 색깔이고, 귀로 들어서 들리는 것은 이름과 음성이다. 슬프도다. 세상 사람들은 그 형체, 색깔, 이름, 음성으로 진실에 도달할 수 있다고 생각하다니. 형체, 색깔, 이름, 음성으로는 진실에 접근할 수가 없다. 그래서 "말하는 자는 알지 못하고, 아는 자는 말로 하지 않는다"고 한 것이다. 그런데 이 세상에서 누가 이 사실을 알기나 하겠는가?

글이나 말로는 '진실'에 접근하기 어려운 한계가 있다고 말한다. '창의성'의 진실은 '창의성'이라는 단어 너머에 있다. '포용'의 진실은 '포용'이라는 단어나 말 너머에 감춰져 있다. 보이지도 않고 들리지도 않지만, 그것들을 직접 행하게 해줄 수 있는 동력으로서의 진실은 은폐되어 있다. 그래서 신비하고 비밀스럽다. 인간이 인간으로 완성되고 더 높이 승화되는 길은 바로 이 신비에 접촉할 때라야 가능하다. 그 신비로운 비밀에 관하여 장자는 우화 한 토막으로 설명한다.

윤편(輪扁)의 수레바퀴

　제(齊)나라의 환공(桓公)이 사랑채쯤 되는 곳의 마루에 앉아 책을 읽고 있었다. 윤편(輪扁)이 그 아래 마당에서 수레바퀴를 만들다가 연장을 내려놓고 올라가 환공에게 물었다. "감히 묻겠습니다. 전하께서 읽으시는 것은 어떤 말들을 엮은 것입니까?" 환공이 대답했다. "성인의 말씀들이지." 윤편이 그 말을 받아 다시 물었다. "그 성인은 아직 살아 있습니까?" 환공이 답했다. "이미 죽었지." 윤편이 다시 말했다. "그러면 전하께서 읽고 계신 것은 옛사람의 찌꺼기일 뿐이군요." 환공이 화가 나 말했다. "내가 책을 읽고 있는데, 바퀴나 깎는 목수 따위가 어찌 시비를 건단 말이냐! 제대로 설명하면 괜찮지만, 만약 설명하지 못하면 죽을 줄 알아라." 윤편이 대답했다. "저는 제가 하는 일로 ㅂ건대, 바퀴를 깎을 때 너무 깎으면 헐거워서 튼튼하지 않고, 덜 깎으면 빡빡하여 들어가지 않습니다. 헐겁지도 않고, 빡빡하지도 않게 하는 것은 손에서 이루어지고, 거기에 마음이 응하는 것이지, 입으로 말할 수 있는 것이 아닙니다. 거기에 비결이 있습니다만, 제가 제 자식에게 알려줄 수도 없고, 제 자식 역시도 저에게서 그 비결을 얻을 수가 없습니다. 그래서 일흔이라는 이 나이가 되어서도 제가 수레바퀴를 깎고 있습니다. 옛사람도 전해줄 수 없는 바로 그것을 따라 죽어버렸습니다. 그런즉, 전하께서 읽고 계시는 것이 옛사람의 찌꺼기일 뿐입니다."

진실은 '전해줄 수 없는 것' 바로 거기에 있다. 보이지 않고 들리지 않는 거기서 모든 색깔과 음성이 출현한다. 색깔과 음성 너머의 바로 그곳을 각자의 내면에 현현(顯現)하도록 할 수 있다면, 어떤 경우에라도 적절하게 반응할 수 있을 것이다. 그것만 현현되면 마치 비밀의 방 열쇠를 손에 넣은 사람처럼 강해진다. 그렇지 않으면 '전해줄 수 없는 것'을 가진 사람 밑에서, 그 사람이 적절한 태도로 남긴 결과들을 받아먹고 그것들을 숙지하려 노력하면서 살 수밖에 없다. 바로 자유가 아니라 종속이다. 그 '전해줄 수 없는 것'을 나름대로 갖는 것이 독립이다. 독립이나 자유로 이끌 수 있는 비밀은 환공이 읽는 책 속에 있거나, 그 책을 쓴 사람의 말 속에 있지 않고 윤편의 '손'에 있다.

지식에 있어서는 생산자가 되느냐 수입자가 되느냐가 가장 분명한 정치 구도다. 지식의 생산자는 자유롭고 독립적이며 주도적이고 효율적이지만, 지식의 수입자는 종속적이다. 인간이 세계를 이해하고 관리하고 통제하기 위해서 만든 가장 고효율의 장치가 지식 또는 이론이기 때문에, 그것에 대한 주도권이 세계에 대한 주도권을 결정한다. 그래서 종속적인 국가의 국민은 강대국으로 지식을 배우러 간다. 소위 유학이다. 우리나라만 해도 오랜 세월 수많은 학인들이 해외에 나가 배우고 돌아왔다. 돌아와서는 사회의 각 분야에서 요직을 맡았다. 그렇다면 우리는 유학하고 온 사람들로 인해서 도달해야 할 궁극적인 곳에 도달했는가? 도달해야 할 궁극적인 곳은 어디인가? 유학하고 온 사람들로 인해서 갈 수 있는 궁극적인 곳이란 바로 다름 아닌 지식 생산국이다. 지식을 생산하면 세계에 대한 통제권을 가지게 되므로 결국은 독립적이고 자유로운 국가를 이룬다는 뜻이 된다. 하지만 우리는 아직 그러지 못하고 있다. 물론 기능적으로는 상당히 발전했지만, 여전히 지식 수입국이며 종속적이다.

'내 손'의 의미

왜 아직도 이러한가? 그것은 윤편의 '손'을 보지 않고, 환공의 책에 적힌 '글'만 보고 오기 때문이다. 그들의 말만 들었지, 그들의 '말'이 나오는 '비밀스러운 그곳'에 관심을 두지 않았기 때문이다. '비밀스러운 그곳'은 보이지도 않고 들리지도 않으므로 '전해주기 어려운 곳'이다. 유학 가서 윤편의 '손'이 만들어낸 수레바퀴만 얻어오고 '전하기 어려운' 윤편의 손놀림을 보지 않으면 지식 생산에 나서지 못한다. 그래서 지식 생산이라는 독립적인 도전 대신에 내내 습득해온 콘텐츠를 전달하고 지키는 일만 하다 간다. 이것은 '찌꺼기'에 빠져 있는 것과 같다.

　지식은 모험과 도전의 결과다. 지식 생산에는 반드시 모험과 도전이라는 비밀스러운 덕목이 작용한다. 지식 생산국에 가서는 생산된 결과를 습득하기보다는 지식이 생산되는 과정을 배울 일이다. '생산된 결과'는 보이고 들린다. 생산 과정에 투입되는 모험과 도전은 눈에 보이지 않는 비밀스러운 활동이다. '생산된 결과'는 환공의 책이며, 생산 과정은 윤편의 손놀림이다. 종속적인 삶에서 벗어나는 일은 자유롭고 독립적인 삶을 영위하는 사람들의 비밀을 접촉하는 일에서 시작되지, 그 사람들이 비밀스러운 활동을 해서 낳은 결과를 배우는 것으로는 이뤄지지 않는다. 그래서 윤편의 '손'은 '글'이나 '말'에 가깝지 않고, 오히려 '모험'이나 '도전'에 가깝다. 말이나 글을 배우는 것으로는 자유를 획득하지 못한다. '모험'이나 '도전'으로 자유를 획득할 수 있다. '글'이나 '말'은 전수할 수 있어도, '모험'이나 '도전'은 전수할 수 없다. '모험'과 '도전'은 오직 한 사람의 고유한 욕망으로만 세상에 드러나지, 전수하고 못 하고의 차원에 있지 않다. 글이나 책 너머의 비밀스러운 곳에 있다.

윤편의 '손'은 전달되지 못한다. 아들도 그 '손' 그대로 전수받지 못한다. 결국 신비스러운 그곳, 전해줄 수 없는 그것은 그저 각자의 몫으로 남는다. 얼마나 안타까운 일인가. 그래도 어쩔 수 없다. 그 안타까움의 그늘 아래서만 자유와 독립이 고개를 든다. 그 안타까움의 그늘 아래서 '전할 수 없는 그것'을 모험과 도전으로 실현해내는 일이 사는 맛 아니겠는가. 내가 나로 사는 일 말이다. 그래서 내가 또 하나의 윤편이 되거나 윤편의 대행자가 되지 않고, 내 안에서 '윤편'을 실현해버린다. 윤편의 내가 아니라, 나의 윤편으로 재편하는 일, 이것이 바로 자유다. 이곳저곳 기웃거리며 자유의 결과를 주우러 다니는 일을 멈춰야 한다. 내가 자유여야 한다. 나를 자유롭게 할 내 안의 신비처를 지키다 보면, 천천히 내 손이 윤편의 손을 넘어선다. 내 손, 내 손에 집중하라. 윤편도 찌꺼기다.

무모해지는 법

중국의 고전, 장자에 나오는 이야기다.

우물 속에 있는 개구리한테는 바다에 대해서 말해줘도 소용없다. 그 이유는 그가 우물이라는 좁은 세계에 갇혀 있기 때문이다. 여름벌레한테는 얼음을 말해줄 수 없다. 여름이라는 시간만 살다가기 때문이다. 함량이 적은 사람에게 도(道)를 말해봐야 아무 소용없는 것은 그가 자신만의 좁다란 진리에 갇혀 있기 때문이다.

인간과 개구리의 차이

인간은 자신이 믿고 있는 신념 체계나 시간적 경험 혹은 공간적 제약을 벗어나기 어렵다. 그래서 대개는 자신의 믿음 체계나 시공간적 제약으로 빚어진 함량만큼만 살다 가는 것이다. 일반적인 소시민에게만 해당하는 것이 아니라 학자나 종교인이나 정치인 등을 망라하여 누구나 그러하기 쉽다. 그래서 철없는 어른도 있고, 신도들의 이해 속에서 겨우 연명할 수밖에 없게 된 성직자도 있으며, 제자들의 아량에 기대어 살아가는 교수도 있고, 시대의 버림을 받게 된 큰 정치인이 생기는 것이다. 우물 안에 사는 개구리한테는 자기가 사는 우물이 자기 경험과 인식의 전체다.

그런데 인간은 개구리와 다르다. 진화를 선택한 동물과 달리 인간은 문화를 선택하였다. 문화는 진화에 비해 시공간적 또는 질적이고 양적인 면에서 모두 확장성이 훨씬 더 크다. 진화는 '필요'에 한정되지만, 문화는 지금 당장 필요치 않은 것을 향해 나아가는 무모함에 기대는 바가 크다. 인식의 범위 밖으로 나아가보려는 무모한 상상력이 문화의 핵심이다. '우물 안 개구리'는 우물을 자신의 전 세계로 알고 살다 가지만, 인간은 가본 적도 없는 자신의 우물 밖을 꿈꾸는 것이다.

결국 무모한 꿈을 꾼 한 사람에 의해 인간은 우물 밖의 세계를 자신의 영토로 갖는다. 당연히 문화의 확장성은 한계 밖을 향해 무모하게 덤비는 상상력이 결정한다. 상상력, 즉 자신의 제한성을 넘어서려는 무모함이 있으면 문화적 활동을 크게 할 수 있고, 그것이 없으면 문화적 활동이라 해도 따라 하는 수밖에 없다. 자신의 한계를 넘어서려는 시도를 얼마나 크게 하는지가 큰 문명을 살 것인지 아니면 작은 문명을 살 것인지를 결정한다. 결국 상상력은 익숙함에 갇히지 않고 생경한 곳으로 나를 끌고 가서 새로운 세계를 열게 한다.

문제는 이 제한성을 넘어서기가 매우 어렵다는 점이다. 그래서 작은 문명은 일정한 패러다임 안에서 작게 유지되고, 큰 문명은 일정한 패러다임 안에서 계속 크게 유지된다. 후진국형 국가에서는 후진국형 일이 일어나고, 선진국형 국가에서는 선진국형 일이 일어난다. 우리나라에 후진국형 재난이 끊이지 않는 것도 바로 이런 연유다. 후진국적 제한성 혹은 후진국적 시선을 극복하고 한 단계 더 높고 큰 시선을 갖지 못했기 때문이다.

어느 단계에서나 시선의 제한성에 갇혀 있으면, 다시 말해 익숙한 시선을 벗어나지 못하면, 그 단계를 세계 전체로 여기며 살 수밖에 없다. 이런 상황을 비판적인 언사로 '우물 안 개구리'라고 하는 것이다. 더 단순화해서 말하면 우물 안 개구리형 인간은 자신만의 익숙함에서 빠져나오지 못한다.

우물 안에서 우물 밖을 꿈꾸는 상상력을 발동할 때, 가장 먼저 일어나는 지적 활동이 바로 '질문'이다. 반면에, 자신이 머무는 우물 안으로만 시선이 향해 있을 때의 지적 활동은 '대답'이다. 지금 우리의 현실적인 문제는 '대답'의 기능으로 닿을 수 있는 가장 높은 곳에 이미 도달해버렸기 때문에, 그다음을 노려야 하는데, 계속 우물 안에만 머물려고 하거나 우물 안에 머물던 습관을 벗어나지 못하고 있는 것이 아닌가 하는 점이다. 이것을 달리 말하면, '대답'하던 습관을 '질문'하는 습관으로 바꿀 수 있느냐 없느냐 하는 점이다. 우물 안 개구리로 남을 것이냐, 아니면 우물 밖을 향해 튀어 나가는 도전을 할 것이냐 하는 점이기도 하다.

상상력

대답이란 무엇인가. 이미 있는 지식과 이론을 그대로 먹은 후, 누가 요구할 때 뱉어내는 것이다. 이때 승부는 누가 더 빨리 뱉어내는가, 누가 더 많이 뱉어내는가, 누가 더 원래 모양 그대로 뱉어내는가에 따라 갈린다. 여기서 인간의 성장에 크게 영향을 미치는 것은 '원래 모양' 그대로 뱉어내는 일이다. 대답이라는 기능을 하면 할수록 자기도 모르게 '원래 모양'을 중시하고 거기에 집착한다. 그런데 '원래 모양'을 시제로 따져 보면, 과거이다. 그래서 '원래 모양'을 중시하는 데 익숙해지면 과거를 따지는 일을 중시하게 되고, 과거를 따지는 일을 분명히 해야 진실한 삶을 사는 것 같은 느낌을 가질 수 있다. 그래서 대답에 익숙하도록 훈련된 사람들이 채우는 사회의 논쟁은 거의 대부분이 과거 논쟁으로 흘러버린다. 그런 사람들에게 우선적인 사명은 과거를 지키고 밝히거나 과거의 횃불이 꺼지지 않게 하는 데에 있지 미래를 여는 일에 있지 않다. 미래를 이야기하는 사람들을 우선 분명히 해결해야 할 시급한 문제를 내버려두고 뜬구름이나 잡으려 하는 사람으로 치부할 것이다. 그래서 지금 당장 가까이에 있는 현실의 기능적인 문제를 해결하는데에 집중하지, 미래를 향해 열려 있는 꿈을 꾸거나 비전을 세우는일을 하지 못한다. 오히려 비전이나 꿈을 현실성 없는 한가한 소리로 치부하기 쉽다. 그래서 일상에서도 고등학생들에게 꿈을 꾸는일보다 우선은 대학 합격이 더 중요하니, 꿈은 대학에 가서나 꾸라고 말해주는 일이 일어나는 것이다. 이런 분위기 속에서 우리의 청춘들은 점점 고갈되어간다. 나라도 마찬가지다.

또 '원래 모양'은 바탕이나 근거가 되거나 모범적인 모습을 표현하기 때문에 그것을 쉽게 기준으로 사용하는데, 기준이라는 것은언제나 구분하는 역할을 한다. 기준이 없이 구분은 일어나지 않고,구분하지 않는 기준이란 있을 수 없다. 구분 가운데 가장 분명한 것은 시비와 선악의 기준이다. 자기가 가진 기준에 맞으면 옳거나 선이고, 기준에 맞지 않으면 그르거나 악이 된다. 이런 연유로 '원래모양'을 중시하는 '대답'이라는 기능을 잘하도록 훈련된 인재들은진위나 선악을 따지는 일에 쉽게 빠진다. 그러다가 결국은 세계와관계를 맺을 때, 옳고 그름을 가장 중요한 기준으로 사용하고, 선과악의 윤리적 기준을 적용하는 것을 철저한 삶의 모습으로 믿게 된다. 그래서 대답에 익숙하도록 훈련된 인재들로 채워진 사회에서는대부분의 논쟁이 진위 논쟁이나 선악 논쟁으로 빠진다. 이런 사람들에게 진위나 선악을 넘어서거나 혹은 비켜서서 새로운 길을 내려는 사람들을 종종 사이비나 회색분자 혹은 변절자로 취급하고 냉대하거나 배척한다.

변절이나 변화나 제3의 길은 회색분자의 길로 치부되기 때문에 이런 사회에서는 종종 기준에서 이탈하지 않고 그것을 공유하는 사람들끼리 뭉치게 된다. 바로 진영이 형성되는 것이다. 이제 모든 활동이나 논의는 진영의 논리로 귀결된다. 이런 사람들에게 진리는 진영에 있지 세계에 있지 않다. 나에게도 있지 않다. 나는 진리의 입법자가 아니라 진영의 진리를 대행하는 대리인으로만 존재한다. 능동적이거나 독립적인 주체가 아니라 바로 종속적 주체로 전락하는 것이다. 문제는 이 종속성을 스스로는 의식하지도 못하고, 또 인정하지도 않는다는 점이다. 그래서 불행하게도 평생 종속성을 벗어나지 못할 수도 있다.

종속성은 종속성 그 자체로 불행한 것이 아니라 그 종속성으로 채워진 주체들이나 또 그런 주체들이 이루는 사회나 국가가 종속성을 벗어나지 못하게 작용하는 것이 더 큰 불행이다. 한번 종속성에 갇히면 종속성을 벗어나기 어려워지는 운명 앞에 던져지는 것, 이것이 비극인 셈이다. 그래서 진영에 갇힌 사람은 대부분이 근본주의자다. 우물 안의 개구리는 다 근본주의자다.

우물 안 개구리는 우물 밖을 넘보는 무모함 자체를 죄악시한다. 우물 안은 이미 진영이 되었고, 그 진영을 벗어나는 일은 옳지도 않고 선하지도 않다. 진영에서 공유한 논리와 맞지 않는 것은 다 나쁘고 악하다. 그래서 모든 일은 진영 안에서만 유효하다. 변화도 진영

안에서만 의미가 있다. 당연히 작은 변화에 만족하고 큰 변화를 시도하지 못한다. 우물의 왼쪽에 있다가 오른쪽으로 옮기고 또 오른쪽에 있다가 왼쪽으로 옮기는 것을 큰 변화나 생명력으로 착각한다. 왼쪽과 오른쪽을 바꾸는 것을 스스로는 새 세상을 연 것으로 착각한다. 이 착각은 자신도 우물 속에 가두고 사회도 우물을 벗어날 수 없게 붙잡는다. 그래서 한 번도 미래를 실현하지 못하고 평생 과거만을 살다 간다. 전술적 차원에만 머물다 전략적 차원으로 건너가지 못한다.

우물 안에서 볼 때 우물 밖은 다른 곳이거나 없는 곳이거나 불가능한 곳이거나 위험한 곳이다. 상상력은 다른 곳을 꿈꾸는 무모한 행사다. 다른 곳을 적대시하지 않는 포용력이 없이는 우물 안 개구리의 신세를 면하기 어렵다. 우물 안에서 왼쪽, 오른쪽은 '다른 곳'이 아니라 '같은 곳'이다. 우물 안에서 왼쪽과 오른쪽을 바꾸는 것은 변화가 아니다. 조삼모사일 뿐이다. '대답'으로만 훈련된 사람들끼리 하는 진영의 교체를 우물 밖으로 나간 것이라고 우기거나 새로운 우물이라고 우기면 안 된다. 진영의 교체를 새 세상으로 착각하면 할수록 넓은 세상의 큰 변화에 적응하지 못하고 우물 안의 한쪽만 지키다가 속절없이 작아진다. 그래도 말할 것이다. 작아진 것이 패배가 아니라, 진정한 승리라고 말이다. 이런 우물 안 개구리들을 중국의 루쉰은 '아큐'라고 하면서 중국인의 종속성을 비판하고, 중국이 우물 안을 벗어나 새로운 곳으로 나아갈 것을 주장하였다. 루쉰은 과거에 갇힌 우물 안의 중국에서 왼쪽 오른쪽의 교체를 말한 것이 아니라 '새로운 중국'을 꿈꿨던 것이다. 대답에 더 익숙해져 있는 우리는 어찌해야 하는가?

곤이 대붕으로 비상하다, 60×60cm

종속을 넘는 법

한 사람의 삶은 전적으로 그 사람이 가진 시선의 높이가 결정한다. 누구나 자신이 가지고 있는 시선의 높이까지만 살다 간다. 나라도 마찬가지다. 우리는 지금 어디에 있는가.

문명은 세 개의 층으로 구성된다. 가장 아래층은 구체적인 물건들로 채워진다. 두 번째 층은 구체와 추상 사이에 있는 것처럼 보이는 제도다. 가장 높은 층은 추상적인 형태를 띠는 철학이나 윤리나 문화 같은 것이다. 제도는 인간이 구체적인 생산 활동을 하러 다니는 길이다. 그 길을 따라 물건들이 생산되고 삶이 영위된다. 풍요롭고 정의로운 삶도 그런 것들을 보장하는 길(제도)이 만든다. 그런데 제도는 또 철학이나 문화적 지향에 의해 결정된다. 이렇게 살고 싶은 사람은 이런 식의 길을 내고, 저렇게 살고 싶은 사람은 저런 식의 길을 낸다. 이런 꿈을 꾸는 사람은 이렇게 살고, 저런 꿈을 꾸는 사람은 저렇게 살 수밖에 없는 이치다. 그래서 '사람'이 가장 중요하다. '사람'의 생각(철학)이 길을 내고 또 그 길을 따라 물산(物産)의 질과 양이 결정되기 때문이다. 이런 의미에서 '문명'은 '사람'의 생각이 구체적으로 드러난 결과다. 높은 생각은 높은 문명을 만들고, 낮은 생각은 낮은 문명을 만든다. 앞선 생각은 선진 문명을 만들고, 뒤따르는 생각은 후진 문명을 만든다. 이런 이유로 시선의 높이가 삶의 높이라고 말하는 것이다.

우리는 지금 어디에 있는가. 가장 구체적인 물건들을 예로 들어보자. 우리가 사용하고 있는 물건 가운데 우리가 만들기 시작한 것이 몇 개나 되는가. 한글이나 금속활자 외에는 거의 없다. 다른 나라에서 누군가가 최초로 만든 것들을 들여와서 살고 있다. 이 말은 우리가 먼저 생각하거나, 먼저 불편을 느끼고 그것을 해결해보려 했거나, 먼저 문제를 발견하고 그것을 해결해보려고 한 적이 거의 없다는 의미다. 왜냐하면 모든 물건은 다 불편함이나 문제를 해결한 결과들이기 때문이다. 물건만 그런 것이 아니라 제도도 그렇다. 우리가 사용하는 제도도 대부분 외부에서 온 것들이다. 총체적으로 볼 때, 우리는 '따라 하기'의 문명을 살아왔다. 다른 사람이 생각해서 낸 길을 따라 다른 사람들이 만든 물건들을 누리며 산 것이다. 인정하기 싫지만, 이런 의미에서 우리는 충분히 자유롭지도 독립적이지도 주체적이지도 않고 종속적이다.

우리의 시선

그런데 우리는 종속적인 문명이 닿을 수 있는 최고의 높이에 도달했다. 중진국 상위 레벨에 이미 도달했다는 의미다. 하지만 국민소득으로만 따지면 우리는 이미 선진국 대열에 들어섰다. 문제는 중진국을 넘어서 선도력을 행사할 수 있는 단계, 즉 독립적이고 자유롭고 주체적인 단계로 넘어설 수 있느냐 없느냐 하는 것이다. 이 말을 달리 표현하면 창의가 일어나는 사회를 열 수 있느냐 없느냐라고 할 수도 있고, 대답하는 기능에 머물지 않고 질문이 감행되는 사회를 이룰 수 있느냐라고 할 수도 있다. 또한 전술적인 높이를 넘어 전략적인 단계에 이를 수 있느냐 없느냐의 문제라고도 말할 수 있고, 분열을 넘어 통합을 이룰 수 있느냐 없느냐의 문제라고도 말할 수 있다. 종합적으로 말하면 지금까지 우리가 익숙하게 발휘하였던 시선을 한 단계 더 높이 상승시킬 수 있느냐 없느냐의 문제다.

　종속적인 단계의 특징은 스스로 생각을 하는 것이 아니라 타인이 해놓은 생각의 결과나 집단적으로 공유하는 이념을 수용하고 키우며 그것을 기준으로 해서 사는 것이다. 그러므로 나라 전체나 대국을 보기보다는 기준이나 이념의 공유체인 진영을 중심으로 사고하는 습성이 있다. 세계의 진실에 접촉하는 것이 아니라 진영의 진실을 세계에 부과하려 애쓴다. 또 기준이 분명하므로 그 기준에 맞으면 참이고 맞지 않으면 거짓이다. 그래서 항상 자신의 기준을 중심으로 진위 논쟁에 힘을 쓴다. 또 이 진위는 과학적으로 확인된 진위가 아니라 특정한 가치관에 싸인 정치적인 판단을 기준으로 하는 진위로서 쉽게 선악이라는 가치판단으로 연결된다. 보통 과학적 판단보다는 정서적인 믿음에 빠진다.

사회를 움직이는 엔진은 크게 두 개다. 정치와 교육. 사실 우리 정치는 요란하기는 하지만 박제되어 있다. 본질에 도달하지 못하고 기능에 갇혔다. 진영의 정치는 기능을 벗어나지 못한 채, 적대적 공생 관계로 유지된다. 기능과 진영의 논리는 분열을 낳는다. 현대 한국 정치의 큰 특징은 누가 뭐래도 '배타성'을 위주로 하는 '분열'이다. 그러다가 결국 대한민국이라는 하나의 국호 아래 '두 국민 국가'라는 침울한 풍경만 남았다. 한국의 정치사를 단순화해보자. 해방 후 지금까지 한국의 정치는 이승만과 김구의 대결 구도 그대로다. 이승만/김구, 친미/반미, 반북/친북, 보수꼴통/친북좌빨, 박정희/김대중, 국가/민족으로 양분된 대립이 그대로 유지되고 있다. 아마 이런 대결에는 조선 시대 영남학파/기호학파, 이언적/서경덕의 구도가 그대로 계승되고 있는지도 모른다.

용기의 필요

정치가 기능에 갇히듯이, 정해진 지식을 지키고 전파하는 지식 기사들은 넘쳐나지만, 세계를 응시하며 그 시대에 맞는 지적 해결책, 즉 지식을 생산하는 지식인이 귀해졌다. 무엇인가를 타도하고 나서 자리에 다시 올라앉으려는 반항아는 많아도, 국가의 명(命)과 틀과 비전을 바꾸는 일에 헌신하는 혁명가는 귀해졌다. 반항만 넘치고 혁명은 씨가 말랐다. 중진국에서 선진국으로 진입하는 일은 '명(命)이 바뀌는 일이고, 이것이 바로 진정한 혁명이다. 동일한 단계 내에서 의자 싸움하는 것은 반항일 뿐이다. 지금 우리에게 기능적 반항을 넘어서는 혁명 역량이 있기나 한가. 이제 우리에게는 기능에 갇혀 내뱉는 '유사-사자후'가 아니라 전략적 단계로 올라서려는 굵고 거친 발걸음이 필요하다.

교육에서 기능적인 수준에서의 인재를 양산하기 때문에 정치가 기능적이다. 우리 교육은 내용을 정해놓고 그것을 숙지하는 것으로 이뤄져 왔다. 자신 안에서는 숙지해야 하는 내용이 주도권을 가질 뿐 나 자신은 그 내용이 들락거리는 통로나 중간 역으로만 존재한다. 자신의 의식이나 사유에서 내 자신이 주인 노릇을 하지 못한다. '생각'하는 인재가 아니라 기준을 적용만 하는 '판단' 주체로 길러진다. '문제'나 '불편함'을 발견한 후, 그것을 해결하려고 집요하게 붙들고 늘어지는 사람이 아니라, 정답을 잘 찾는 사람으로만 길러지는 것이다. 독립적 주체가 아니라 종속적 주체다. 이렇게 배양된 인재들은 이미 숙지한 내용을 표준으로 삼는 도덕적이고 윤리적인 판단에 빠지기 쉽다.

예를 들어보자. 우리는 '전쟁'이라고 하면 무조건 피해야 하는 것, 해서는 안 될 것, 악한 것으로 정해놓고 대화를 시작한다. 내가 미국이나 일본 학생들과 대화하면서 경험한 바에 따르면, 그들은 '전쟁'을 무조건 피해야 하는 것으로 정해놓지 않았다. 오히려 그들의 관심사는 전쟁에서 주도권을 잡기 위해서 해야 할 가장 중요한 일은 무엇인가에 있었다. 전쟁을 완전히 피해야 하는 것으로 정해놓은 문명과 전쟁을 통제하고 제어하며 주도권을 잡아야 하는 것으로 생각하는 개방적 태도가 일구는 문명은 크게 차이가 난다. 세계에서 마주치는 대상이나 사건에 대하여 도덕적 판단을 쉽게 하는 인재들은 숙고하고 사고하는 능력이 떨어진다. 세계의 진보는 이미 단단히 자리 잡은 기준이나 가치관으로 하는 '판단'에 의존하기보다는 개방적으로 진행되는 '사유'에 더 크게 의존한다. '판단'에만 빠진 채 '사유' 능력을 기르지 못하면, '판단'이 제공하는 수준의 문명만 누리지 '사유'하는 능력이 제공하는 더 높은 문명은 누릴 수 없다.

우리는 우리에게 익숙한 방식으로는 도달할 수 있는 가장 높은 곳에 이미 도달했다. 지금 정도의 시민 의식, 지금과 같은 인재 배양 방식, 지금과 같은 정치 수준으로 도달할 수 있는 높이로는 여기가 가장 높을 것이다. 어떤 의미에서 우리는 우리에게 익숙한 방식으로 할 일은 이미 다 해버린 민족인지 모른다. 언급되는 대부분의 주장과 정책들은 새롭거나 참신하지 않다. 모두 전에 들어봤던 얘기들이다. 알고 있는 것이나 익숙한 것을 넘어선 '다음'을 말할 수 있는 것이 지혜다. 이제 우리는 한 층 더 높은 단계의 지혜로 재무장하여, 이 한계를 돌파하려는 용기가 절실하다. 이 세상에서 가장 바보는 다른 결과를 기대하면서 같은 방법을 계속 쓰는 사람이다. "생각하는 민족이라야 산다"는 함석헌 선생의 말씀이 다시 들린다.

곤(鯤)이 대붕(大鵬)이 되는 법

2018년 6월 21일자 어느 신문 인터넷판에 다음과 같은 기사가 실렸다. 마크롱 대통령은 18일(현지시간) 파리 외곽 몽발레리앙 추모공원에서 열린 샤를 드골의 대독 항전 연설 78주년 기념식에 참석했다. 이날 마크롱 대통령은 행사장 앞에 모여 있던 청소년들을 발견하고는 반갑게 인사를 하기 시작했다. 그런데 한 10대 남학생이 자신의 차례를 기다리면서 "잘 지내요? 마뉘?"라며 마크롱의 이름(에마뉘엘)을 제멋대로 줄여 불렀다. 이 남학생은 노동해방을 노래한 혁명가요의 후렴구도 흥얼거렸다. 별다른 악의는 없는 표정이었지만 약간은 빈정거리는 듯한 인상을 풍겼다. 이때 마크롱 대통령은 소년과 악수를 한 뒤 곧바로 "아니야 아니야"라고 고개를 저으며 "오늘 공식적인 행사에 왔으면 거기에 맞게 행동해야지"라며 훈계를 시작했다. 그는 "오늘은 〈라 마르세예즈(프랑스 국가)〉〈샹 데 파르티잔(레지스탕스의 투쟁가)〉을 부르는 날이야. 그리고 나를 '므슈(성인 남성에게 붙이는 경칭)'나 '므슈 르 프레지당(대통령님)'으로 불러야 한다. 알겠니?"라고 설명했다. 이 남학생은 바로 주눅이 들어 "죄송합니다. 대통령님"이라고 말했다. 이에 마크롱 대통령은 "아주 좋아!"라고 칭찬했다. 그러면서 "절도 있게 행동해야 해. 네가 만약 언젠가 혁명을 하고 싶다면 먼저 학교를 마치고 스스로 생계를 책임질 줄도 알아야 해"라며 팔목을 툭툭 치면서 충고했다.

저항감 있는 젊은이에게 호응하며 공감해주는 대통령도 멋있지만, 이렇게 훈계하는 대통령도 멋있다. 마크롱은 젊은이의 '혁명'을 부정하지 않았다. '혁명'을 훌륭하게 완성하는 방법을 말해주면서 훈계의 격을 지켰을 뿐이다. '절도 있는 행동'과 '졸업' 그리고 '생계에 대한 책임'이 '혁명'의 성공을 결정한다고 말해준 것이다.

'혁명'은 이름 붙은 세계의 경직성을 부수고 아직 이름 붙지 않은 세계를 펼치려는 도전이라는 점에서 이미 충분히 아름답다. 혁명은 '질서'를 일거에 '야만'으로 몰아넣으며, '희망'을 현실화하려고 시도한다. 모든 종교도 다 근본정신은 혁명이다. 그래서 혁명과 종교의 염원은 다음과 같다. "이 세계는 너무 낡았어요. 이제 낡은 이 세계를 버리고 저 세계로 넘어가야 해요. 그래야 사는 것처럼 살다 갈 수 있어요." '저 세계'는 주장하는 자 외에는 아직 아무도 모른다. 저 세계를 설명하는 문법은 아직 없다. 공허하게 시작된 이 외침을 깃발로 흔들며 사람들을 설득해서 모은 것이 종교들이다. 종교의 근본정신은 '혁명'이다. 종교에서 혁명이라는 근본정신이 사라지고, 조직 관리에 더 많은 힘을 들이고 있다면 이미 많이 낡았다는 뜻이다.

혁명을 조금 낮추고 순화해서 흔히들 '혁신'이라고 한다. 세계가 변화한다는 것을 진실로 받아들인다면 혁신은 생명 혹은 세계의 존재 방식이다. 생존하려면 혁신해야 한다. 혁신을 다른 형태로 표현하면 창의다. 이렇게 보면, 창의도 생명의 존재 방식들 가운데 중심 자리를 차지한다. 창의니 혁신이니 하는 것들은 해도 되고 안 해도 되는 선택 사항이 아니라 참 생명이나 참 존재로 살고 싶다면 반드시 해야만 하는 필수 사항이다.

혁명은 아무리 환상이고 야만이어도 '절도 있는 행동' '학업' 그리고 '생계에 대한 책임'과 함께할 때라야 효율적으로 완수될 수 있다. 혁명의 주체들은 왕왕 혁명적 환상과 야만에만 빠져, 혁명의 길과 관계없어 보이지만 매우 중요한 '착실한 보폭'을 중시하지 않는다. '착실한 보폭'이 국가에서는 '정책'으로 현실화된다. 혁명이 정치로만 남고 정책으로 열매를 맺지 못하는 일들은 '착실한 보폭'을 소홀히 한 결과다. 그럼 왜 '착실한 보폭'은 소홀히 다뤄질까? 지적으로 게을러서 걸어야 할 길이 지루하게 느껴지기 때문이다. 그 과정을 건너뛰고 바로 혁명의 경지로 올라서려고만 한다.

착실한 보폭

성철 스님은 지독한 독서광이었다. 하지만 수자오계(修者五戒), 즉 "수행자를 위한 다섯 가지 가르침"에서는 '책 보지 말라'는 가르침을 남겼다. 평소 수행하는 제자들에게도 '진리는 문장 아닌 마음에 있다'는 것을 자주 강조하였다. 높은 단계의 경지에 오르려는 포부는 가졌으되 근기가 그 포부의 무게를 감당할 정도로 갖춰지지 못한 사람이 성철 스님의 이 말을 듣는다면, 바로 책 읽기를 그만둘 수 있다. 그것이 훨씬 간편하게 보이기 때문이다. 하지만 우리가 알아야 할 것은 '책 읽지 말라'는 이 말이 독서광으로 불릴 정도로 수많은 책을 읽고 난 다음에 '문장과 마음'의 관계를 깨달은 사람에게서 나왔다는 사실이다.

부단한 책 읽기의 과정도 거치지 않았으면서 바로 책 끊기의 경지에 오르려 하다가는 인생에서 큰 낭패를 볼 것이다. 어떤 큰스님이 깨달음에 이르고 나서 계율을 넘나들 수 있었다. 이것을 본 '새끼스님'도 덩달아 계율을 넘나든다. 계율을 넘나든 것은 같으나 그 높이와 깊이는 다르다. 높이와 깊이가 다르면 감화력이 다르다. 큰스님이 아주 긴 시간 동안 수계(受戒)의 고통과 지난함을 정성껏 거치고 나서 높은 위치에 오른 후에야 수계(受戒)의 한 형식으로서 계율을 넘나들었다는 것을 '새끼스님'도 안다. 하지만 그는 그 고통과 지난함을 피하고자 계율을 넘나드는 행위만 따라서 한다. 지적인 게으름이다. '착실한 보폭'이 없는 깨달음은 늘 경박하게 쪼그라든다.

우리는 비빔밥을 우리의 대표음식으로 삼아 국제화하려고 노력한다. 하지만, 일본의 스시가 국제적으로 가지고 있는 위상에 비하면 아직은 많이 부족한 감이 있다. 스시와 비빔밥은 왜 이리 차이가 날까? 전략의 경험과 치밀함의 차이가 이유일 수도 있다. 그러나 느닷없지만 이런 이유가 있을 수도 있겠다. 바로 제품 자체의 문제다. 철저함이 부족하여 제품 자체에 매력이 더해지지 않은 것이 이유가 될 거라는 생각을 하게 된 계기가 있다. 내 고향은 비빔밥으로 제법 유명한 동네다. 어느 날, 늦은 시간 고향에 도착했는데 평소에 다니던 단골 비빔밥집이 벌써 문을 닫았다. 나는 새로 문을 연 것처럼 보이는 다른 집으로 발길을 돌렸다. 그곳에도 비빔밥이 있었다. 주문한 비빔밥을 비비면서 나는 매우 난감한 상황에 빠졌다. 밥이 너무 뭉쳐져 있어 수월하게 비벼지지 않았다. 그래서 숟가락으로 잘게 부숴가며 비볐다. 비비기 어려운 비빔밥이라니⋯⋯. 그리고 보니 비빔밥을 먹다가 이런 일을 가끔 당했던 것 같다. 물론 이 상황은 드문 경우다. 내가 어쩌다 들른 집에서 겪은 경험을 가지고 비빔밥을 일반화해 말해서는 안 된다는 것도 안다. 하지만 나는 이런 난감한 상황을 겪으며 비빔밥을 되돌아보는 시간을 갖기는 했다. 비빔밥에 가장 적합한 쌀의 품종은 무엇일까? 비빔밥에 최적화된 밥의 점도는 어느 정도여야 할까? 밥의 온도는? 나물의 온도는? 최적화된 나물의 삶기는? 밥과 나물의 비율은? 그릇의 온도는? 비빔밥에 잘 맞는 그릇의 종류는? 집으로 돌아와 인터넷에서 비빔밥에 관한 정보를 아무리 뒤져도 이런 의문을 해소할 길이 없었다. 내가 찾지 못했을 수도 있지만, 표준화된 조리법을 찾을 수 없었다. 그 후로 약 한 달 뒤, 스시 집에 갈 일이 생겼다. 나는 일부러 요리사와 마주 볼 수 있는 곳에 자리를 잡았다. 식사하면서 몇 가지를 물었다. 비빔밥을 먹다가 생긴 의문들을 스시로 바꿔 죄다 물어봤다. 그 요리사는 모두 말해줬다. 스시에 적합한 쌀 품종들이나 밥의 온도나 밥의 점도 등을 막힘없이 대답했다. 구체적인 수치들은 기억나지 않지만 대개는 어느 것에나 표준화된 규격을 가지고 있음을 알 수 있었다. 사실 개성이나 경지라는 것도 다 이 표준화된 규격을 수행한 다음의 일이어야 제대로다.

세심하게 살피면 쩨쩨하게 보일 수 있다. 그래서 많은 사람들이 나를 쩨쩨하다고 힐난할 수도 있다. 한국 음식은 손맛이 최고라거나 경험에서 우러난 자신만의 경지가 있다고 말하기도 할 것이다. 이것이 한국 문화의 특징이라고 말할 수도 있다. 온도계를 갖다 대거나 자를 들이미는 것은 하수들이나 하는 일들이고, 진짜 고수는 어림짐작으로 해도 다 최고의 경지를 산출할 수 있다고도 할 것이다. 손맛이라고 하면서도 우리는 손맛의 비밀을 궁구하지 않고 그냥 말한다. 손맛을 말하려면 손맛이 연구되어야 한다. 그렇지 않았다면 사실 대충한다는 것과 별반 다르지 않다. '착실한 보폭'이 결여된 경지란 항상 우연에 기댈 수밖에 없다. 마치 '절도 있는 행동'과 '졸업' 그리고 '생계에 대한 책임'을 배우지 않고 '혁명'을 꿈꾸는 것과 같다. 지난한 수계의 고통을 겪지 않은 채, 계율을 넘나들려는 것과 같다. 착실한 보폭만이 일관성과 지속성을 보장한다. 어떤 경지도 일관성과 지속성이 결여된 것은 운이 좋은 것에 불과하다. 품질이 들쭉날쭉할 수밖에 없다. 어떤 개성도 '착실한 보폭'을 걸은 다음의 것이 아니면 허망하다. 허망하면 설득력이 없고 높은 차원에서 매력을 가질 수가 없다. 그러면 많은 일을 그냥 '감'에 맡겨버린다. 스시 정도의 위상을 갖고 싶으면서도 스시 정도의 연구 과정을 거치지 않는다면 결과는 허망하다. '착실한 보폭'이 없는 높은 경지란 없다.

　도가 철학을 좀 아는 사람들은 '무위'를 아무것도 하지 않거나 무슨 일이건 그냥 되어가는 대로 내버려두는 것으로 이해하고는 '착실한 보폭'을 하수의 것으로 치부해버린다. 지적인 게으름이다. 우선 『장자』첫 페이지를 보라. 곤(鯤)이라고 하는 조그만 물고기가 천지(天池)라고 하는 우주의 바다에서 몇천 리나 되는지 알 수 없는 크기로 자라나자 어느 날 바다가 흔들리는 기운을 다고 하늘로 튀어 올라 붕(鵬)이 되었다. 『장자』에 나오는 대부분의 얘기는 다 이 대붕의 경지다. 그래서 도가 철학에 우호적인 사람들은 대붕의 모습만 인정하고 따르려 한다. 그러나 간과하면 안 되는 것이 있다. 대붕은 조그맣던 곤이 엄청난 축적의 과정을 겪은 후, 몇천 리나 되는지도 모를 정도로 커지고 나서 된 영물(靈物)이라는 것이다. 매우 두터운 축적의 과정이 영물을 만들었다. 두터운 축적의 공, 즉 적후지공(積厚之功)을 의식하지 않은 채, 대붕의 '자유'나 '소요유'를 흉내 낸다면 다 방종에 가까울 뿐이다.

우리는 흔히 역사적으로 근대(近代)를 제대로 겪지 않았다고 한다. 식민지를 겪은 일과 관련이 깊을 것이다. 하지만 외세의 억압과 관계없이 우리 스스로 근대를 학습하여 해낼 수 있는 것들도 있다. 근대를 특징짓는 몇 가지 내용이 있다. 대표적으로 표준화와 객관화다. 근대란 인류가 진화해 나가면서 만든 매우 빛나는 한 고리다. 표준화를 해내지도 못한 상황에서 표준화에 대한 현대적 비난은 다 경솔하다. 결과는 허망할 것이다. 객관화 과정을 바닥까지 겪지 않고 객관화를 비판하는 것도 경솔하다. 결과는 비참할 것이다. 손맛과 경험에만 기대서 만든 비빔밥은 매력을 키우기 쉽지 않다. 더 철저해져야 한다. 두터운 축적이 없는 창의성도 있기 어렵다. 야성을 유지하면서 하는 축적! 철저함! 당신을 영물로 만들어주는 비결이다.

노자와 장자에 기대어
최진석의 자전적 철학 이야기

ⓒ 최진석 2022

1판 1쇄   2022년 12월 23일
1판 5쇄   2024년 11월 15일

지은이   최진석
펴낸이   고진
편집   김정은
본문 그림 조승범
디자인   이강효
마케팅   이보민 양혜림 정지수

펴낸곳   (주)북루덴스
출판등록 2021년 3월 19일 제2021-000084호
주소   서울특별시 중구 을지로 새특4-2호
전자우편   bookludens@naver.com
전화번호   02-3144-2706
팩스   0503-8379-4876

ISBN 979-11-974349-5-2 03100